# Survival Guide für Lehrer

## Wie man als Lehrer den alltäglichen Herausforderungen mit Humor begegnet

Magnus Neumann

# SURVIVAL GUIDE FÜR LEHRER

Wie man als Lehrer den alltäglichen Herausforderungen mit Humor begegnet

KREATIV-REFUGIUM
VERLAG

# Impressum

Deutschsprachige Erstausgabe - April 2024


**Herausgeber**
Magnus Neumann
Kreativ-Refugium Verlag
Stadtweg 35b
33758 Schloß Holte-Stukenbrock

Web: https://kreativ-refugium.de
E-Mail: info@kreativ-refugium.de

TikTok: @kreativ.refugium
1. Auflage

ISBN: 978-3-9825441-9-9

**Satz und Gestaltung**
Wolkenart - https://www.wolkenart.com/
Instagram: wolkenartdesign

# Inhalt

# Dieses Buch gehört

Dieses Buch gehört dem besten bzw. der besten Lehrerin der Welt, nämlich:

Wenn du lieber undercover arbeiten möchtest, kannst du hier einen geheimnisvollen Decknamen eintragen.

## Achtung: dringender Rat!

Du solltest dieses Buch auf keinen Fall verlieren! Denn neben vielen hilfreichen Tipps, Affirmationen und Rätseln wirst du hier auch viel über deine Gedanken preisgeben. Vielleicht sollte nicht jeder erfahren, dass du Kollegin Nathalie für eine hinterhältige Schlange hältst oder jede Nacht davon träumst, dass Kollege Peter zum Mars geschossen wird.

# Seite mit Decknamen:

Manche Schüler und Kollegen sind so dämlich, dass man über sie nicht mehr mit gesittetem Vokabular sprechen kann. Daher solltest du dir Decknamen ausdenken, um nicht in Teufels Küche zu kommen.

Beispiel:
Nathalie = Die mit den Praktikanten knutscht

# Einleitende Worte

Lehrer zu sein ist nicht nur eine Berufung, sondern auch eine tägliche Gratwanderung - ein Balanceakt zwischen didaktischer Raffinesse und pädagogischer Standfestigkeit. Es ist eine Kunst, die sich nicht nur in der Interaktion mit den Schülerinnen und Schülern entfaltet, sondern auch im komplexen Beziehungsgeflecht mit den Kolleginnen und Kollegen und den Eltern. Das Klassenzimmer ist ein Mikrokosmos, in dem die unterschiedlichsten Interessen, Erwartungen und Emotionen aufeinanderprallen.

**Jede Lehrkraft bewegt sich täglich in einem Spannungsfeld, das von der Dynamik dieser Beziehungen geprägt ist.**

Die Herausforderung besteht darin, die eigene pädagogische Kompetenz unter Beweis zu stellen und gleichzeitig diplomatisches Geschick in der Zusammenarbeit und Kommunikation mit Kollegen und Eltern zu bewahren. Dieses komplexe Zusammenspiel erfordert nicht nur Professionalität, sondern auch emotionale Intelligenz und vor allem Humor.

Ein Survival Guide für Lehrer ist daher von unschätzbarem Wert. Es dient als Leitfaden, der nicht nur das nötige Rüstzeug für die Navigation in der rauen See des Schulalltags bietet, sondern auch als Rettungsanker, wenn die Wellen der Anforderungen hochschlagen und die Stürme des Schulalltags toben.

In diesem Umfeld ist ein Überleben ohne die richtige Ausrüstung kaum denkbar. Der Survival Guide ist daher unverzichtbar. Es ist ein Zeichen der Hoffnung in Zeiten der Überforderung, eine Quelle der Weisheit in Zeiten der Ratlosigkeit und eine Schatzkiste voller humorvoller Anekdoten, die das Herz erwärmen und den Tag erhellen.

Denn Humor ist nicht nur das Schmiermittel, das die Maschinerie des Schulalltags am Laufen hält, sondern auch das Bindegewebe, das die Beziehungen zwischen Lehrern, Kollegen, Schülern und Eltern stärkt. Er ist das Pflaster, das kleine Wunden heilt, und das Licht, das die Dunkelheit erhellt. In diesem Buch werden wir uns darauf konzentrieren, wie man mit einem Lächeln auf den Lippen durch den Dschungel der pädagogischen Herausforderungen navigieren kann.

Der Survival Guide für Lehrer ist mehr als eine Sammlung von Tipps und Tricks. Es ist eine Einladung, das tägliche Spannungsfeld nicht nur zu überleben, sondern mit einer gehörigen Portion Humor in einen Ort der Freude und des persönlichen Wachstums zu verwandeln. Hier lernen wir, die täglichen Herausforderungen nicht nur zu meistern, sondern auch zu genießen.

# Warum Humor im Lehrerberuf wichtig ist

In der Welt der Bildung ist Humor weit mehr als ein Mittel zur Unterhaltung; er ist ein zentraler Pfeiler in der Architektur des Lehrerberufs. Humor in den Lehrerberuf zu integrieren bedeutet, eine Brücke zwischen der Autorität des Lehrers und der Welt der Lernenden zu schlagen. Es ist ein Werkzeug, das nicht nur die Atmosphäre im Klassenzimmer auflockert, sondern auch den Lernprozess erleichtert und bereichert.

Warum ist Humor im Lehrerberuf so wichtig? Zunächst einmal baut Humor Barrieren ab. Ein Lehrer, der Humor zeigt, wird als menschlicher, zugänglicher und sympathischer wahrgenommen. Das schafft Vertrauen und Offenheit. Schülerinnen und Schüler sind eher bereit, sich im Lernprozess zu engagieren und Risiken einzugehen, wenn sie wissen, dass Fehler zum Lernen dazugehören und nicht ausgelacht werden.

Humor fördert auch Gesundheit und Wohlbefinden. Lehrkräfte stehen oft unter enormem Stress, der durch Leistungsdruck, administrative Aufgaben und die Herausforderungen der Klassenführung verursacht wird. Humor kann helfen, diesen Stress abzubauen, indem er emotionale Entlastung bietet und das Gefühl von Zufriedenheit und Gelassenheit stärkt. Lachen setzt Endorphine frei, sogenannte Glückshormone, die das Stressniveau senken und das allgemeine Wohlbefinden steigern.

Humor ist auch ein mächtiges pädagogisches Werkzeug. Er kann eingesetzt werden, um komplexe oder trockene Themen zugänglicher und einprägsamer zu machen. Eine humorvolle Anekdote oder ein witziges Beispiel kann den Lernstoff lebendig machen und so die Merkfähigkeit erhöhen. Humor weckt Interesse und Neugier, die für motiviertes Lernen von zentraler Bedeutung sind.

Außerdem fördert Humor die Kreativität. Sowohl Lehrkräfte als auch Schülerinnen und Schüler werden ermutigt, gewohnte Denkmuster zu verlassen. Diese Fähigkeit ist entscheidend, um Probleme zu lösen und neue Ideen zu generieren, und ist sowohl im Klassenzimmer als auch im späteren Berufsleben von unschätzbarem Wert.

Schließlich unterstützt Humor die Klassenführung. Ein gut gewählter Witz oder eine humorvolle Bemerkung kann Spannungen abbauen, Konflikte entschärfen und als sanfte Erinnerung an die Klassenregeln dienen, ohne dass Disziplin in Autoritarismus umschlägt.

**Kurzum:** Humor ist im Lehrerberuf nicht nur ein **nice to have,** sondern ein unverzichtbares **must have.** Er ist der Schlüssel zu einem erfüllten, effektiven und freudvollen Lehr- und Lernumfeld. In einem Beruf, der so viel von einem verlangt, ist Humor das Geschenk, das Lehrer sich selbst und ihren Schülern machen können - ein Geschenk, das die Lernreise für alle Beteiligten bereichert.

**Dieses Buch soll dir helfen, auch in stressigen Zeiten die Balance zu halten und dich zu entspannen. Denn Anspannung und vor allem Wut sind schlechte Ratgeber.**

# Das perfekte Classroom-Management

Klassenführung ist eine Kunst, die für einen effektiven Unterricht und ein harmonisches Lernumfeld von entscheidender Bedeutung ist. Interessanterweise zeigt die Forschung, dass es keinen nachweisbaren Unterschied zwischen dem Anschreien von Schülern und einer freundlichen, ruhigen Ansprache gibt. Erstaunlich ist, dass nicht jede Methode bei jedem Lehrer gleich wirksam ist. Um Störungen im Keim zu ersticken, ist es wichtig, sofort zu handeln und den Verursacher zurechtzuweisen, was oft einen Welleneffekt hat und weitere Störungen verhindert.

Einen großen Einfluss auf das Classroom Management hat die Allgegenwärtigkeit des Lehrers und seine Fähigkeit zur Überschneidung. Das bedeutet, im Idealfall „überall" zu sein und mehrere Ereignisse gleichzeitig im Auge zu behalten. Ermahnungen sollten so kurz und effektiv wie möglich sein, um den Unterrichtsfluss nicht zu unterbrechen. Lange Zurechtweisungen sind zu vermeiden, stattdessen sollten verbale Signale prägnant und positiv formuliert sein. Eine einfache Nennung des Namens ist oft ausreichend. Zum Beispiel ist ein freundliches „Klaus, mach die Tafel fertig..." wirkungsvoller als Kritik. Auch Lob ist wichtig, wobei ein einfaches „Danke" viel bewirken kann. Entscheidend ist immer, rechtzeitig zu reagieren und den richtigen Schüler anzusprechen.

Nicht zu unterschätzen sind die nonverbalen Signale, die oft noch besser funktionieren. Der große Vorteil liegt darin, dass in der Regel nur der betroffene Schüler die Ermahnung bemerkt. Das Zugehen auf die Schüler, einfache Handbewegungen oder das bewusste Aufstellen im Klassenraum, so dass man alles im Blick hat, sind wirksame Strategien. Wichtig ist, dass das Signal erst aufgehoben wird, wenn der Schüler seine Aufmerksamkeit wieder dem Unterricht zuwendet. Kleinigkeiten wie ein heruntergefallener Bleistiftanspitzer sollten nicht kommentiert werden, um den Unterrichtsfluss nicht zu stören.

Ein weiterer entscheidender Faktor für erfolgreiches Classroom Management ist die umfassende Aktivierung der Schüler. Ziel ist es, die Aufmerksamkeit aller zu gewinnen. Dies kann durch eine anregende Präsentation des Unterrichtsstoffes, den Aufbau von Spannung und die Schaffung eines möglichst hohen Maßes an Relevanz erreicht werden. Es ist wichtig, das Vorwissen der Schüler zu aktivieren, lebendige Beispiele zu verwenden und geschickte Fragen zu stellen. Den Schülern Zeit zum Nachdenken zu geben, bevor die Diskussion in Gruppen oder Paaren fortgesetzt wird, fördert das Engagement und die Beteiligung. Ein Beispiel hierfür wäre eine Frage wie „Warum ist es wichtig, dass es in einer Gesellschaft Regeln gibt?“, die nach einigen Minuten individuellen Nachdenkens in Kleingruppen weiter diskutiert wird.

Zusammenfassend lässt sich sagen, dass ein effektives Klassenmanagement eine Kombination aus direkter Kommunikation, dem Einsatz nonverbaler Signale und der Fähigkeit, alle Schüler einzubeziehen und zu aktivieren, erfordert. Durch die Anwendung dieser Prinzipien können Lehrer ein Umfeld schaffen, das dem Lernen und der persönlichen Entwicklung der Schüler förderlich ist.

# Typologie für Eltern

Das Klassenzimmer ist nicht nur ein Ort der Interaktion zwischen Lehrerinnen und Lehrern und Schülerinnen und Schülern, sondern auch ein Ort, an dem sich die Lebenswege von Eltern unterschiedlichster Prägung kreuzen. Eltern spielen eine entscheidende Rolle im Bildungsprozess ihrer Kinder und damit auch im Berufsalltag der Lehrerinnen und Lehrer. Das Verständnis für die Vielfalt der Elterntypen ist daher ein unverzichtbarer Bestandteil des pädagogischen Werkzeugkastens.

## 1. Die Helikopter

Dieser Elternteil kreist ständig über dem Schulhof und den Lehrern. Er ist dafür bekannt, den Lehrern detaillierte Anweisungen zu geben, wie sein Kind unterrichtet werden soll, und verlangt regelmäßige Informationen über jede Kleinigkeit. Er ist überzeugt, dass sein Kind ein unentdecktes Genie ist, das nur die richtige Förderung braucht. Besonders gefährliche Spezies, ruft auch nach 20 Uhr noch an oder wartet schon morgens auf dem Parkplatz.

## 2. Die Geister:

Das genaue Gegenteil des Helikopter-Elternteils. Niemand hat sie je gesehen oder gehört. Die Geister schreiben keine E-Mails, erscheinen nicht zu Elternsprechtagen und rufen nie an. Man munkelt, dass dieser Typ nur in Vollmondnächten auftaucht. Sehr selten, aber extrem populär.

## 3. Die Besserwisser:

Dieser Elternteil hat für jedes schulische Problem eine Online-Recherche durchgeführt und kommt mit ausgedruckten Internetartikeln aus windigen Anwaltsforen zu den Besprechungen. Sie zitieren oft Studien, die sie nicht wirklich verstanden haben, und stellen traditionelle Lehrmethoden in Frage. Oft haben die Besserwisser keine Hochschule von innen gesehen, sondern bilden sich ihre Meinung aus einer großen Boulevardzeitung und Trash-TV-Inhalten. Unangenehm, nervig und leider sehr hartnäckig.

## 4. „Mein Kind tut so etwas nicht!“-Eltern:

In ihren Augen kann das Kind nichts falsch machen. Wann immer ein Problem auftaucht, muss es sich um ein Missverständnis oder die Schuld eines anderen Kindes handeln. Lehrer, die versuchen, Verhaltensprobleme zu besprechen, werden oft mit ungläubigen Blicken und den Worten „Mein Kind würde so etwas nie tun! Die Möglichkeit, dass das eigene Kind in der Schule und außerhalb des elterlichen Territoriums zum Zombie werden könnte, wird geflissentlich ignoriert. Die eigene Blutlinie bringt keine Regelbrecher oder Versager hervor. Vorsicht: Diese Spezies lauert in jeder Klasse! Dagegen hilft nur Meditation oder eine Schrotflinte.

## 5. Die Karriere-Coaches:

Dieser Elternteil hat bereits den gesamten Lebensweg seines Kindes geplant, oft mit dem Schwerpunkt auf gut bezahlte Berufe. Er ist sehr auf Noten und außerschulische Aktivitäten bedacht, die sich im Lebenslauf gut machen, und drängt das Kind, in allem zu glänzen, um für die Zukunft „gerüstet“ zu sein. Eine 1- löst einen familiären Notfall aus. Dann werden sofort Klavierunterricht und Reitstunden gestrichen, um den Makel durch Nachhilfe schnellstmöglich zu beheben. Nicht, dass sich die 1- noch negativ auf die Lohnentwicklung in 20 Jahren auswirkt.

## 6. Die Nostalgiker:

Sie erinnern sich gerne und oft an ihre eigene Schulzeit und vergleichen immer wieder. „Zu meiner Zeit hatten wir noch Respekt vor den Lehrern“ oder „Wir mussten alles auswendig lernen“ sind häufig gehörte Kommentare. Sie verstehen nicht, warum die Schule heute anders ist und finden, dass „früher alles besser war“. In vielen Fällen können die Nostalgiker aber das Nest nicht verlassen und melden ihr Kind an der Schule an, die sie selbst besucht haben.

## 7. Die Verschwörer:

Überzeugt, dass die Schule Teil einer größeren Verschwörung ist, um Kinder zu indoktrinieren oder zu kontrollieren. Stellen gerne die Autorität der Lehrer in Frage und diskutieren hitzig über Themen wie Datenschutz bei digitalen Lernplattformen oder die Auswahl von Schulbüchern. Verleugnet Corona und klebt gerne auf den Zufahrtsstraßen zur Schule. Absoluter Lifesaver: Mit diesen Menschen niemals über den Klimaschutz diskutieren! Schreckliches Gesindel!

# Typologie für Schüler

Als Lehrer wird mit während seiner Laufbahn mit ganz unterschiedlichen Typen von Schülern konfrontiert werden. Um die pädagogische Flinte nicht voreilig ins Korn zu werfen, sollte man die häufigsten *Arten* von Schülern kennen und wie man Ihnen begegnen kann.

## 1. Der Enthusiast

Dieser Schüler antwortet auf jede Frage, oft bevor der Lehrer zu Ende gesprochen hat. Er ist voller Energie und Neugier, manchmal so sehr, dass er die Geduld des Lehrers und seiner Mitschüler auf die Probe stellt. Er weint bei 14 Punkten und feilscht mit unerträglicher Hartnäckigkeit um 15 Punkte. Wird dieser Wunsch nicht erfüllt, wird dem Lehrer die Kompetenz abgesprochen. In besonders schlimmen Fällen folgen Verleumdungskampagnen in der Abizeitung oder ein böser Brief der Eltern, man zerstöre die Zukunft des Kindes. Probleme mit solchen Schülern muss man einfach aushalten, die Wahrscheinlichkeit ist groß, dass sie durch ihre überzogenen Ansprüche in die Klinik getrieben werden. Sieg!

## 2. Der Entertainer

Der Klassenclown, der immer einen Witz auf Lager hat und dessen Hauptziel es zu sein scheint, seine Mitschüler (und manchmal auch den Lehrer) zum Lachen zu bringen. Sein Timing ist manchmal perfekt, manchmal katastrophal. Anstrengend wird der Entertainer, wenn er gar nicht witzig ist oder seine Lacher nur auf dem Rücken der anderen erntet. Kein schlechter Schülertyp, aber hartnäckig und oft nervig. Zwei-, dreimal ignorieren, dann ist Schluss.

## 3. Das Organisationstalent

Dieser Schüler hat immer einen perfekt organisierten Arbeitsplatz, farbkodierte Notizen und einen detaillierten Plan für jede Aufgabe. Manchmal verbringt er mehr Zeit mit der Planung als mit der eigentlichen Arbeit. Seine Ordnerstruktur in Goodnotes ist tiefer als der Marianengraben. Während die anderen Schüler die Aufgabe schon erledigt haben, überlegt er noch, welche Tags er dem Arbeitsblatt geben soll. Unkritischer Schülertyp, ist ruhig, stört nie. Kann aber im Planungskomitee für den Abiball oder die Schülerzeitung zur Belastungsprobe für alle Beteiligten werden.

## 4. Der Träumer

Immer aus dem Fenster schauen, in Gedanken versunken. Der Träumer scheint oft in seiner eigenen Welt zu sein, was zu urkomischen Momenten führt, wenn er plötzlich aufgerufen wird und offensichtlich keine Ahnung hat, worum es geht. Nimmt aber seine 4- bei der Notenbesprechung ohne Widerrede hin. Für den Unterricht schwer zu begeistern, aber nicht störend.

## 5. Der Rebell

Stellt alle Regeln und Autoritäten in Frage. Der Rebell sieht es als seine persönliche Mission, gegen das System zu kämpfen, was zu endlosen Diskussionen über Hausaufgaben und die Notwendigkeit von Prüfungen führt. Er will um jeden Preis auffallen. Dieser Typ tritt in verschiedenen Ausprägungen auf und lässt sich nur schwer in ein Korsett pressen. So nervig er ist, so herausfordernd ist es, ihm den Zahn zu ziehen. Man muss seinen wunden Punkt finden oder ihn zum Verbündeten machen. Wer versucht, ihm mit autoritärem Gehabe zu begegnen, verliert den Kampf auf ganzer Linie.

## 6. Der Überlebenskünstler

Er scheint nie zu lernen, aber irgendwie schafft er es immer, die Prüfungen zu bestehen. Seine Hausaufgaben werden oft in letzter Minute zusammengewürfelt, aber er findet immer einen Weg, um gerade so durchzukommen. Prahlt damit, noch nie ein Buch gelesen zu haben. Ist aber oft so sympathisch, dass man ihn trotzdem mit einem durchwinkt. Tritt nach der Schule oft in hohen Positionen auf, weil irgendein entfernter Onkel eine Firma geerbt hat.

## 7. Das Wunderkind

Hat eine natürliche Begabung für jedes Fach und scheint mühelos die besten Noten zu bekommen. Manchmal scheint es mehr über das Thema zu wissen als der Lehrer selbst, was zu unangenehmen Momenten führen kann. Besonders sympathisch ist das Wunderkind, wenn es sich seiner Fähigkeiten nicht bewusst ist. Ein Selbstläufer, einfach machen lassen. Hier muss man nur aufpassen, dass sich das Kind nicht in der Abiturphase unglücklich verliebt und alle Anstrengungen von Klasse 5 bis zur Oberstufe für die Katz waren. Am besten sperrt man diesen Schülertyp in der Oberstufe zu Hause ein und lässt ihn nur zur Schule oder in die Bibliothek. Keine Sorge: Die Eltern dieser Schüler sind für jeden Unsinn zu haben.

# 8. Der Aktivist:

Engagiert sich leidenschaftlich für alles, vom Umweltschutz bis zur sozialen Gerechtigkeit. Der Aktivist ist immer für eine Diskussion zu haben und versucht, seine Mitschüler für seine Sache zu gewinnen. Er versucht, den Schulhof mit Che-Guevara-Aufklebern zu überschwemmen und sagt, den anderen Aktivisten fehle das Format eines Andreas Baader. Der Aktivist ist nur schwer zu stoppen, meist durch Marihuana (oder härtere Drogen) oder einen nächtlichen Polizeieinsatz.

# Typologie für Lehrer

An dieser Stelle soll nicht verschwiegen werden, dass Lehrer auch ganz besondere Typen sein können. Und da man im Lehrerzimmer früher oder später auf alle diese Archetypen treffen wird, hier ein Blick auf sie. Vorsicht: Manche *Exemplare* sind extrem bissig!

## 1. Der Traditionalist:

Frontalunterricht oder Untergang. Kreidestaub ist sein Duft, der Overheadprojektor sein treuer Begleiter. Er ändert seinen Stundenplan nur ungern und zitiert gerne Sprichwörter wie „Früher war alles besser“. Fortschritt und Digitalisierung sind ihm ein Dorn im Auge. Alles Neue ist schlecht. Der Untergang der Menschheit stehe bevor, wenn nicht alles beim Alten bleibe. Hier darf keine Energie verschwendet werden. Dieser Typ ist nicht zu retten.

## 2. Der Innovator:

Immer auf der Suche nach den neuesten Technologien und Lehrmethoden. Bewaffnet mit allerlei Gadgets ist er allgegenwärtig. Während des Unterrichts liest er auf seiner Smartwatch die Nachricht seiner Frau, dass die Kinder früher aus der Kita abgeholt werden müssen. Sobald es klingelt, steht sein auf Kredit gekaufter Tesla vor der Tür. Für die Studierenden ein sehr anspruchsvoller Lehrertyp, da er immer auf dem neuesten Stand ist und sich nur schwer aus der Ruhe bringen lässt.

## 3. Der Kumpeltyp:

Will nicht nur Lehrer, sondern auch der beste Freund seiner Schüler sein. Kennt alle aktuellen Trends, Memes und TikTok-Tänze. Die Warnung seiner Kollegen, dass er die Grenze zwischen Lehrer und Gleichaltrigen nicht einhalte, schlägt er mit einem lauten „YOLO“ in den Wind. Freut sich auf die Zeit vor den Sommerferien, wenn er den Schülern bei den Vorfeiern und dem Abiball zeigen kann, dass er nicht nur ein guter Zuhörer, sondern auch ein guter Trinker ist. Meist bis Anfang 40 anzutreffen, danach verraten Falten und ein gebückter Gang, dass der Zenit überschritten ist.

## 4. Die Drama-Queen:

Meistens, aber nicht ausschließlich, Frauen. Jede Vertretungsstunde ein Erdrutsch, jeder Regenschauer das Ende der Welt. Die emotionale Bandbreite reicht von Euphorie bis Depression. Selbst kleine Probleme werden zu staatsgefährdenden Wucherungen hochstilisiert. Die Drama-Queen liebt den großen Auftritt und das Scheinwerferlicht.

## 5. Der Philosoph:

Jede Frage ist eine Gelegenheit, über das Leben nachzudenken. Prüfungen und Noten sind zweitrangig gegenüber den großen Fragen des Universums. Sein Klassenzimmer gleicht manchmal eher einem Pariser Café, in dem über die elementaren Fragen des Seins philosophiert wird. So interessant sein Unterricht auch ist, er entspricht nicht den Lehrplänen der Bundesländer.

## 6. Der Enthusiast:

Liebt seinen Beruf und jedes Thema mit einer Leidenschaft, die ansteckend ist. Kann selbst das trockenste Thema spannend machen und hat eine Energie, die sogar die Kaffeemaschine im Lehrerzimmer neidisch macht. Will jeden Schüler retten und akzeptiert nicht, dass nicht jeder Schüler gerettet werden will. Geht seinen Schülern mit seinem Übereifer auf die Nerven, weil er einfach nicht akzeptieren kann, dass nicht jeder für seine Themen brennt.

## 7. Der Bürokrat:

Für ihn ist alles eine Frage der Ordnung. Jedes Formular muss perfekt ausgefüllt sein, und wehe dem Schüler, der seine Hausaufgaben nicht im exakten Format abgibt. Sein Lieblingssatz „Das steht nicht im Lehrplan" ist die Bremse der Schulentwicklung. Dass guter Unterricht nur durch Freiheit entstehen kann, ist ihm egal. Bei den Kollegen sehr unbeliebt, weil er einem auch nach 15 Jahren noch nachträgt, dass man die 10 Euro für die Lehrerkasse drei Tage zu spät abgegeben hat.

## 8. Der Allrounder:

Beliebt bei Schülern und Kollegen, weil er nicht nur ein guter Lehrer und Kollege ist, sondern auch wirklich etwas zu sagen hat. Die Schüler lieben ihn für seine Fachkompetenz und sein Wissen, aber auch für seinen Blick über den Tellerrand. Mit ihm kann man Spaß haben, ohne dass er sich als Kumpel aufdrängt und wissen will, ob das Date vom Vortag ein Erfolg war. Gleichzeitig hat er immer ein offenes Ohr für die Probleme seiner Schüler und genießt ihr Vertrauen. Interessiert sich auch für andere Dinge als seine Fächer und versucht, die Welt in einem größeren Zusammenhang zu sehen. Liebt das lebenslange Lernen und begeistert seine Umgebung immer wieder mit seinem Wissen in verschiedenen Bereichen. Seltene Spezies. Schade.

# Was ist ein guter Lehrer

Die Eigenschaften eines guten Lehrers gehen weit über die reine Vermittlung von Fachwissen hinaus. Hier sind zehn Eigenschaften, die einen guten Lehrer auszeichnen und ihn in die Lage versetzen, einen positiven Einfluss auf seine Schüler auszuüben und ein förderliches Lernumfeld zu schaffen.

## 1. Fachliche Kompetenz:

Ein guter Lehrer verfügt über ein umfassendes Wissen in seinem Fachgebiet und hält sich über die neuesten Entwicklungen und Erkenntnisse auf dem Laufenden.

## 2. Pädagogische Fähigkeiten:

Sie können komplexe Inhalte verständlich aufbereiten, unterschiedliche Lehrmethoden anwenden und den Unterricht an die Bedürfnisse der Schülerinnen und Schüler anpassen.

## 3. Einfühlungsvermögen:

Ein guter Lehrer versteht die emotionalen und sozialen Bedürfnisse seiner Schüler, kann sich in sie hineinversetzen und ein unterstützendes Lernklima schaffen.

## 4. Geduld:

Er bleibt auch in schwierigen Situationen ruhig und verständnisvoll und gibt seinen Schülern die Zeit, die sie zum Lernen und zur Entwicklung benötigen.

## 5. Kommunikationsfähigkeit:

Ein guter Lehrer kann effektiv und klar kommunizieren, sowohl mündlich als auch schriftlich, und fördert offene Diskussionen im Klassenzimmer.

## 6. Motivationsfähigkeit:

Er kann seine Schüler inspirieren und motivieren, ihr Bestes zu geben, Herausforderungen anzunehmen und auf ihre Ziele hinzuarbeiten.

## 7. Flexibilität:

Ein guter Lehrer kann sich an veränderte Bedingungen anpassen, ist offen für neues Lernen und bereit, seinen Unterrichtsstil zu ändern, wenn dies dem Lernerfolg der Schüler dient.

## 8. Fairness:

Er behandelt alle Schüler gerecht und objektiv, sorgt für ein integratives Lernumfeld und stellt sicher, dass jeder Schüler die Möglichkeit hat, sich auszudrücken und weiterzuentwickeln.

## 9. Selbstreflexion:

Ein guter Lehrer bewertet regelmäßig seine eigene Leistung, ist offen für Feedback und sucht aktiv nach Möglichkeiten, sich persönlich und beruflich weiterzuentwickeln.

## 10. Leidenschaft:

Er hat eine tiefe Leidenschaft für das Unterrichten und sein Fachgebiet, die ansteckend ist und sich sowohl im Klassenzimmer als auch darüber hinaus positiv auf seine Schüler auswirkt.

# Die dümmsten Kommentare von Kolleginnen und Kollegen

Notiere dir an dieser Stelle Kommentare von Kollegen, die dich zum Lachen gebracht haben. Wenn du dich mal wieder über die Person(en) aufregst, hast du hier einen Nachweis über deren Dümmlichkeit.

# Die furzlangweilige Konferenz

Notiere Dinge, die dir während einer langweiligen Konferenz ständig durch den Kopf gehen.

# Alleinige Herrschaft

Diese Kollegen! Diese Schüler! Diese Schulleitung! Hilfe!
Jetzt bekommst du die Macht. Stell dir vor, du bekommst die Leitung der Schule. Welche Anordnungen würdest du sofort treffen? Was würdest du verbieten? Was würdest du delegieren?

| Neue Regeln | Ab sofort verboten | Darauf verzichte ich |
|---|---|---|
| | | |
| | | |
| | | |
| | | |
| | | |
| | | |
| | | |
| | | |
| | | |
| | | |

# Sudoku (leicht)

Diese Sudokus eignen sich aufgrund ihres geringen Schwierigkeitsgrades sehr gut, um sie auch in Konferenzen zu machen. Schließlich muss man ja versuchen, noch mit einem Ohr zuzuhören. Wenn du Sportlehrer bist, kannst du dir die Lösungen auch direkt anschauen.

| | | | | | | | | |
|---|---|---|---|---|---|---|---|---|
| 5 | | | | | | | 2 | |
| 7 | | 8 | 4 | 2 | 9 | | | 5 |
| | | 3 | 1 | | | | | |
| 3 | | 5 | | | | 1 | | |
| 6 | 1 | | 8 | 4 | | | | |
| | 7 | 2 | 3 | 5 | | | 9 | |
| | | 7 | | 8 | | | 3 | 9 |
| | 9 | | | 1 | | 7 | 8 | 6 |
| | 3 | 6 | | | | | | |

| | | | | | | | | |
|---|---|---|---|---|---|---|---|---|
| 3 | 1 | 4 | | 9 | | | 2 | |
| | | 5 | | 4 | 2 | | 7 | 8 |
| | | | | 1 | | 4 | | 9 |
| 2 | | | | | | 9 | | |
| 9 | 4 | 8 | | | 1 | | 5 | |
| | 5 | | | | | | 6 | |
| | | 7 | | | 3 | 6 | | |
| 1 | | 3 | 4 | | | | | 5 |
| 4 | | 9 | 7 | | | | 1 | |

Lösung auf S. 83

# Wutanfall

Du drehst völlig durch. Ein Schüler, ein Kollege oder die Schulleitung macht dich wütend! Leider ist es verboten, dich zu schlagen, also musst du dir etwas anderes einfallen lassen. Zeichne die Person, die dich ärgert. Dann darfst du deine Kaffeetasse auf sie stellen. Du kannst sie ausmalen oder durchstreichen. Wenn gar nichts mehr geht: Reiße die Seite heraus und trample darauf herum.

# Zielführender Umgang mit Unterrichtsstörungen

Unterrichtsstörungen sind eine Herausforderung, mit der fast jede Lehrkraft im Laufe ihres Berufslebens konfrontiert wird. Der Umgang mit Unterrichtsstörungen erfordert Geduld, Flexibilität und eine Reihe von Strategien, die auf die Bedürfnisse der Schülerinnen und Schüler und die spezifischen Umstände der Unterrichtssituation abgestimmt sind. Im Folgenden finden Sie detaillierte Tipps zum Umgang mit Unterrichtsstörungen:

## 1. Klare Regeln und Erwartungen

**Regeln festlegen:** Erarbeiten Sie zu Beginn des Schuljahres oder Semesters gemeinsam mit den Schülerinnen und Schülern klare Regeln und Verhaltenserwartungen. Das fördert das Gefühl der Mitverantwortung und die Akzeptanz der Regeln.

**Konsequenzen kommunizieren:** Klare Konsequenzen für Regelverstöße festlegen und konsequent anwenden. Wichtig ist, dass die Konsequenzen fair, vorhersehbar und angemessen sind.

## 2. Positives Verhalten verstärken

**Positive Verstärkung:** Anerkennung und Belohnung für positives Verhalten und aktive Mitarbeit im Unterricht einsetzen. Dies kann die Motivation anderer Schülerinnen und Schüler erhöhen, sich ebenfalls positiv zu verhalten.

**Beziehungen aufbauen:** Zeit investieren, um positive Beziehungen zu den Schülerinnen und Schülern aufzubauen. Eine gute Beziehung kann die Bereitschaft erhöhen, den Anweisungen der Lehrkraft zu folgen.

## 3. Präventive Maßnahmen

**Den Unterricht interessant gestalten:** Das Interesse der Schülerinnen und Schüler durch abwechslungsreiche Unterrichtsmethoden und materialien wecken und aufrechterhalten.

**Aufmerksamkeitssignale verwenden:** Klare Signale vereinbaren, wann die Klasse leise sein und der Lehrkraft Aufmerksamkeit schenken soll.

## 4. Angemessen auf Störungen reagieren

**Deeskalieren:** Bei Störungen ruhig und besonnen reagieren. Nicht mit Gegenaggression reagieren, sondern versuchen, die Situation zu entschärfen.

**Einzelgespräche führen:** Bei wiederholten Störungen durch einzelne Schülerinnen und Schüler das Gespräch suchen, um die Ursachen zu klären.

## 5. Bewältigung spezifischer Herausforderungen

**Individualisierte Ansätze:** Anerkennen, dass bestimmte Verhaltensweisen auf spezifische Probleme oder Bedürfnisse zurückzuführen sind (z. B. ADHS, sozioökonomische Probleme, familiäre Schwierigkeiten) und individuell darauf eingehen.

**Unterstützung suchen:** Bei schwerwiegenden oder anhaltenden Problemen Unterstützung durch die Schulleitung, das Kollegium oder externe Fachkräfte suchen.

### 6. Reflexion und Anpassung

**Selbstreflexion:** Das eigene Handeln und die angewandten Strategien regelmäßig reflektieren. Überlegen, was gut funktioniert hat und was verbessert werden könnte.

**Feedback einholen:** Feedback von Schülerinnen und Schülern und Kolleginnen und Kollegen einholen, um die Wirksamkeit des eigenen Handelns einschätzen und gegebenenfalls anpassen zu können.

Wenn Lehrerinnen und Lehrer ein Umfeld schaffen, das auf Respekt, Vertrauen und gegenseitigem Verständnis basiert, können viele Unterrichtsstörungen vermieden oder effektiv bewältigt werden. Es ist wichtig zu erkennen, dass jede Klasse einzigartig ist und dass das, was in der einen Situation funktioniert, nicht unbedingt auch in einer anderen effektiv sein muss. Flexibilität und Kreativität sind daher der Schlüssel zum Erfolg.

# Dämliche Entschuldigungen

Schüler werden immer unkreativer. Ob für das verspätete Eintreffen oder nicht angefertigte Hausaufgaben: Dokumentiere die dämlichsten Entschuldigungen deiner Schüler. Wenn du mal wieder richtig schlechte Laune hast, wird dich diese Seite sicher erheitern.

# Lieder zum Lehrerberuf

Musik berührt unsere Seele. Wenn nichts mehr geht, hilft nur noch die richtige Playlist! Hier findest du nur eine kleine Auswahl geeigneter Songs, um sich zu pushen oder abzureagieren.

Mehr rockige Songs zum besten Beruf der Welt findest du unter dem folgenden QR-Code.

1. **Another Brick in the Wall von Pink Floyd**
   Für den Moment, wenn du realisierst, dass deine Schüler glauben, Bildung sei ein Mythos und Hausaufgaben ein Verbrechen gegen die Menschlichkeit.

2. **Don't Stand So Close to Me von The Police**
   Wenn du das siebte Mal am Tag „persönlicher Raum“ erklärst und es immer noch aussieht, als würdest du versuchen, eine Horde Katzen zu hüten.

3. **Smells Like Teen Spirit von Nirvana**
   Pubertäre stinken! Ein Tribut an die olfaktorischen Freuden des Lehrerlebens und den unerschütterlichen Glauben an Deodorant.

4. **Hot for Teacher von Van Halen**
   Für die Tage, an denen du beschließt, mit einer Lederjacke statt Kreide zu unterrichten und die Schüler sich fragen, ob du eine frühe Midlife-Crisis durchlebst. Erinnerung: Ironie ist eine Lehrmethode!

**5. School's Out von Alice Cooper**

Der heilige Gral der Lehrerhymnen, um das Ende des Schuljahres zu feiern. Abspielen, sobald die letzte Glocke läutet, und dabei die Unterrichtspläne symbolisch verbrennen (bitte nur metaphorisch!).

**6. I Will Survive von Gloria Gaynor**

Nachdem du den Mut gefasst hast, die Noten online zu stellen, und nun im Zeugenschutzprogramm für Lehrkräfte lebst. Alternativ ein Lied, das dich daran erinnert, dass du auch diesen Elternabend überleben wirst.

**7. Under Pressure von Queen & David Bowie**

Die Hymne für jede Lehrkraft, die ein Elterngespräch abhalten muss. Ein musikalisches Stoßgebet für mehr Stunden im Tag und weniger Papierkram.

**8. Losing My Religion von R.E.M.**

Wenn du anfängst, an der Existenz von Logik zu zweifeln, nachdem ein Schüler gefragt hat, ob Shakespeare bei den Dreharbeiten zu „Romeo und Julia“ anwesend war. Ein Lied für die Momente, in denen „Warum?“ zur härtesten Frage des Universums wird.

**9. Eye of the Tiger von Survivor**

Der ultimative Pump-up-Song für Lehrer, die sich wie Gladiatoren fühlen, wenn sie den Klassenraum betreten – bewaffnet mit nichts als einem Whiteboard-Marker und unerschütterlichem Optimismus.

### 10. We're Not Gonna Take It von Twisted Sister

Deine Hymne, wenn die Klasse entscheidet, dass Chaos ein akzeptabler Zustand ist. Ein musikalischer Aufstand, der dir hilft, deinen inneren Rockstar zu kanalisieren und zu zeigen, wer hier das Sagen hat – mit einem Augenzwinkern, versteht sich.

### 11. Break Stuff von Limp Bizkit

Für die Tage, an denen der Drucker sich weigert zu funktionieren, das WLAN zusammenbricht und dein Kaffee kalt geworden ist. Ein Lied, das den Wunsch ausdrückt, einfach mal alles kurz und klein zu schlagen.

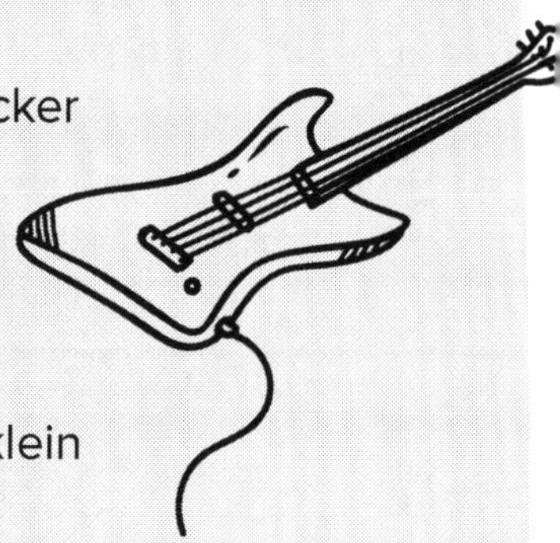

### 12. Wake Me Up Before You Go-Go von Wham!

Wenn endlich eine neue Schulleitung kommt!

### 13. It's the End of the World as We Know It (And I Feel Fine) von R.E.M.

**Warum hören?** Wenn du den Überblick über die Projekte, Prüfungen und Ausflüge verlierst, die alle gleichzeitig stattfinden sollen. Ein Lied, das dir hilft, das Chaos mit einem Lächeln zu umarmen.

### 14. Survivor von Destiny's Child

Weil du nach einem langen Tag voller Überraschungen, Herausforderungen und kleinen Triumphen immer noch da bist, stehst und lächelst. Für alle Lehrkräfte, die wissen, dass sie alles überstehen können – auch Doppelstunden am Freitagnachmittag oder den Elternsprechtag.

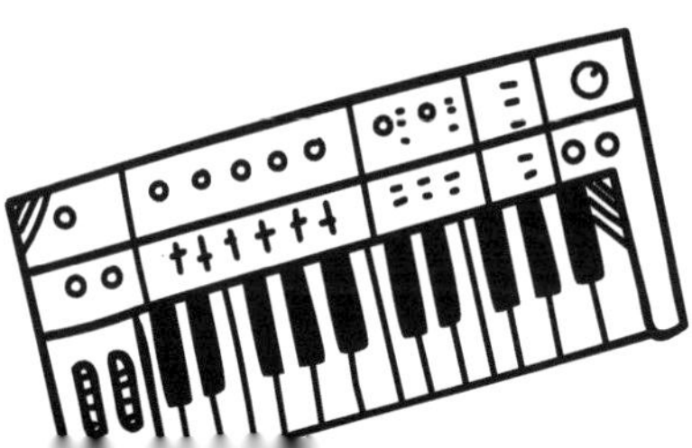

### 15. I Don't Want to Miss a Thing von Aerosmith

Weil du trotz des Trubels und der endlosen To-do-Listen jeden Moment im Klassenzimmer schätzt. Ein sentimentaler Reminder, warum du diesen Job trotz allem liebst.

### 16. Happy von Pharrell Williams

Für die strahlenden Momente, in denen ein Schüler endlich „klick" macht oder dir ein herzliches „Danke" entgegenbringt. Der perfekte Song, um die kleinen Siege zu feiern.

### 17. The Final Countdown von Europe

Wenn die Tage bis zu den Ferien gezählt werden und die Vorfreude mit jedem Ticken der Uhr steigt. Die ultimative Hymne für den Countdown bis zum wohlverdienten Lehrerurlaub.

### 18. Problem Child von AC/DC

Wenn du diesen einen Schüler hast, der immer wieder die Grenzen austestet. Ein Song, der dir hilft, das Ganze mit Humor zu nehmen und dich daran erinnert, dass jeder Herausforderer seinen Meister findet – in diesem Fall dich.

### 19. Highway to Hell von AC/DC

Wenn du auf dem Weg zur Arbeit bist und dich mental auf einen weiteren Tag voller Überraschungen vorbereitest. Ein Song, der dir die nötige Energie gibt, um mit einem teuflischen Grinsen durch den Tag zu kommen.

### 20. You Give Love a Bad Name von Bon Jovi

Perfekt für die Momente, in denen die Liebe zum Lehren auf eine harte Probe gestellt wird, sei es durch Papierkram, unerwartete Inspektionen oder die zehnte „Warum?"-Frage in fünf Minuten.

21. **Sympathy for the Devil von The Rolling Stones**
Wenn du dich in einer schwierigen Klasse wiederfindest und anfängst, dich mit dem Unruhestifter anzufreunden, nur um einen Verbündeten zu haben. Ein Lied, das dich schmunzeln lässt, während du deine Strategien schmiedest.

22. **Viva La Vida" von Coldplay**
Sarkastischabzuspielen,nachdem ein besonders ambitioniertes Projekt völlig anders verlaufen ist als geplant. Eine Hymne für die Höhen und Tiefen des Lehrerdaseins.

## Was Lehrer definitiv dürfen

*„Das dürfen Sie doch gar nicht!“* ist ein oft gehörter Satz, wenn sich Schüler oder Eltern ungerecht behandelt oder in ihrem Handeln behindert fühlen. Im Gegenteil - Lehrer dürfen viel mehr, als mancher denkt.

**Lehrer dürfen**

Hausverbote gegen Eltern aussprechen

# Gibt es denn kein anderes Wort dafür?

Kollegen haben Wörter, die sie immer wieder benutzen. Erstelle eine Liste mit den Namen der Kollegen und ihren Lieblingswörtern. Ideal für Konferenzen.

| Kollege | Wort | Anzahl |
|---|---|---|
| | | |
| | | |
| | | |
| | | |
| | | |
| | | |
| | | |
| | | |
| | | |
| | | |

# Mantras gegen die Verzweiflung

Es gibt immer wieder Momente im Lehrerberuf, in denen man verzweifelt und am liebsten alles hinschmeißen möchte. Bevor du das tust, schau dir diese Zitate und Mantras an. Und? Geht es jetzt besser?

1. „Dummheit ist auch eine natürliche Begabung." (Wilhelm Busch)

2. „Lache nie über die Dummheit der anderen. Sie ist deine Chance." (Winston Churchill)

3. „Es wäre dumm, sich über die Welt zu ärgern. Sie kümmert sich nicht darum. (Marcus Aurelius)

4. „Bildung ist das, was übrig bleibt, wenn wir vergessen, was wir gelernt haben." (Edward Frederick Lindley Wood)

5. „Unser größter Ruhm ist nicht, niemals zu fallen, sondern jedes Mal wieder aufzustehen." (Konfuzius)

6. „In der Mitte von Schwierigkeiten liegen die Möglichkeiten." (Albert Einstein)

7. „Auch aus Steinen, die einem in den Weg gelegt werden, kann man Schönes bauen." (Johann Wolfgang von Goethe)

8. „Es ist nicht die Last, die dich bricht, es ist die Art, wie du sie trägst." (Lou Holtz)

9. „Der Schmerz, den du heute fühlst, ist die Stärke, die du morgen fühlst." (Sigmund Freud)

10. „Nicht durch Zorn, sondern durch Lachen tötet man." (Friedrich Nietzsche)

11. „Wenn wir unseren Weg verlieren, müssen wir mutig genug sein, einen neuen zu gehen." (Carl Jung)

12. „Mut bedeutet nicht, die Stärke zu haben, weiterzumachen; es bedeutet weiterzumachen, wenn man keine Stärke hat." (Napoleon Bonaparte)

13. „Ein Optimist ist ein Mensch, der die Dinge nicht so tragisch nimmt, wie sie sind." (Karl Valentin)

14. „Es ist besser, für das, was man ist, gehasst zu werden, als für das, was man nicht ist, geliebt zu werden. (André Gide)

15. „Selbst wenn ich wüsste, dass morgen die Welt zugrunde geht, würde ich heute noch meinen Apfelbaum pflanzen." (Martin Luther)

# Tipps für einen gelungenen Elternabend

Ein Elternabend ist eine wertvolle Gelegenheit, die Beziehung zwischen Schule und Elternhaus zu stärken. Lehrer haben die Möglichkeit, Vertrauen aufzubauen, transparent zu kommunizieren und Unterstützung für das kommende Schuljahr zu gewinnen. Trotz ihrer Bedeutung können Elternabende aber auch Stress und Unsicherheit bei den Lehrkräften auslösen, insbesondere in Bezug auf die Erwartungen der Eltern und die eigene Leistung. Der Schlüssel zu einem erfolgreichen und entspannten Elternabend liegt in der Vorbereitung, einer klaren Kommunikation und der Schaffung einer offenen und einladenden Atmosphäre. Im Folgenden finden sich einige Tipps, die helfen können, den Elternabend nicht nur zu einem Erfolg, sondern auch zu einer bereichernden Erfahrung für alle Beteiligten zu machen.

**1. Gute Vorbereitung:**

Bereite dich sorgfältig vor, indem du dir Notizen über die zu besprechenden Themen machst. Dazu können der Lehrplan, besondere Ereignisse oder spezielle Schülerfragen gehören. Eine klare Agenda hilft, den Abend zu strukturieren.

**2. Frühzeitige Kommunikation:**

Informieren Sie die Eltern rechtzeitig über Datum, Uhrzeit und Tagesordnung des Elternabends. Eine gute Kommunikation im Vorfeld kann die Teilnahme erhöhen und Missverständnisse vermeiden.

**3. Positiver Einstieg:**

Beginne den Abend mit positiven Nachrichten oder Erfolgsgeschichten aus der Klasse. Das schafft eine positive Atmosphäre und zeigt den Eltern, dass du ihre Kinder wertschätzt.

**4. Setze klare Ziele:**

Mache gleich zu Beginn klar, was du mit dem Elternabend erreichen möchtest. Ob es darum geht, Unterstützung für anstehende Projekte zu gewinnen oder einfach nur über die Fortschritte der Klasse zu informieren - klare Ziele helfen, den Fokus zu behalten.

**5. Höre aktiv zu:**

Gib den Eltern die Möglichkeit, Fragen zu stellen und ihre Bedenken zu äußern. Aktives Zuhören zeigt, dass du ihre Sorgen ernst nimmst.

**6. Bleibe lösungsorientiert:**

Wenn Probleme oder Beschwerden angesprochen werden, versuche lösungsorientiert zu reagieren. Biete konkrete Schritte an, um gemeinsam eine Lösung zu finden.

**7. Schaffe eine entspannte Atmosphäre:**

Eine freundliche und einladende Atmosphäre kann dazu beitragen, dass sich alle Beteiligten wohler fühlen. Kleine Gesten wie eine angenehme Raumgestaltung oder Erfrischungen können eine große Wirkung haben.

**8. Respekt und Professionalität:**

Behandle alle Anwesenden mit Respekt und zeige Professionalität in deinem Auftreten. Das schafft Vertrauen und fördert eine konstruktive Zusammenarbeit.

9. **Feedback einholen:**

Ermutige die Eltern, dir Feedback zum Elternabend zu geben. Das zeigt, dass du offen für Verbesserungen bist und ihre Meinung wertschätzt.

10. **Nachbereitung:**

Fasse die wichtigsten Punkte des Abends zusammen und schicke ggf. ein Protokoll oder eine Zusammenfassung an die Eltern. Dies hilft Missverständnisse zu vermeiden und stellt sicher, dass alle auf dem gleichen Stand sind.

# Bullshit-Bingo

Der Klassiker! Jedes Mal, wenn eines der aufgelisteten Wörter fällt, kreist du es ein. Sobald 5 Wörter horizontal, vertikal oder diagonal in einer Reihe stehen, rufst du laut: »BINGO!« oder »BULLSHIT!« - je nach Laune!

| | | | | |
|---|---|---|---|---|
| Korrektur(en) | anwesend | Leistung | Feedback | Halbjahr |
| Eltern | Konferenz | Vertretung | Referendar(e) | Zeugnis |
| Sommerferien | Minister | Stundenplan | Lehrplan | Reform |
| Fortbildung | Klassenraum | Pause | Prüfung | Noten |
| Schulleitung | Elternabend | Abitur | Vertretungsplan | Förderunterricht |

# WANTED – Dead or alive!

Zeichne einen Kollegen oder Schüler, der dich ärgert. Schreibe dazu wichtige Eigenschaften und Erkennungsmerkmale auf, damit man den Delinquenten erkennen kann.

# Der Schulzoo

Machen wir uns nichts vor: Metaphern sind einfach der beste Weg, um sich sprachlich gut auszudrücken. Das hilft auch, wenn man gefrustet ist. Wieso den ungeliebten Kollegen nicht mit einem Schwein vergleichen? *grins*

Welche Tierische Metapher trifft auf welchen Kollegen zu?

1. **Löwe:** Der Löwe wird oft als Symbol für Mut und majestätische Stärke angesehen. Seine Führungsqualitäten in der Tierwelt inspirieren dazu, ihn als König der Tiere zu betrachten, ein Bild, das oft auf Menschen übertragen wird, die Führungsstärke und Entschlossenheit zeigen.

______________________________ ist der Löwe.

2. **Fuchs:** Der Fuchs steht in vielen Kulturen für Schlauheit und List. Diese geschickten Tiere sind bekannt für ihre Fähigkeit, sich an unterschiedliche Situationen anzupassen, was Menschen oft dazu veranlasst, „fuchsschlau“ als Beschreibung für besonders gerissene Personen zu verwenden.

______________________________ ist der Fuchs.

**3. Schlange:** Schlangen werden mit einer Reihe von Bedeutungen assoziiert, von Weisheit und Erneuerung bis hin zu Hinterlist und Versuchung. In vielen Geschichten symbolisieren sie Veränderung und das Mysteriöse, manchmal aber auch Tücke und Gefahr. Schlangen sind intrigant und lieben das Chaos.

______________________________ ist die Schlange.

**4. Eule:** Die Eule ist ein traditionelles Symbol für Weisheit und tiefe Erkenntnis. Ihre Fähigkeit, in der Dunkelheit zu sehen, verleiht ihr ein geheimnisvolles Image, das oft mit intellektuellem Weitblick und Einsicht in menschliche Charaktere übertragen wird.

______________________________ ist die Eule.

**5. Hund:** Hunde sind ein Sinnbild für unerschütterliche Loyalität und Freundschaft. Ihre bedingungslose Liebe und ihr Schutzinstinkt machen sie zu einem Symbol für tiefe Verbundenheit und Vertrauen zwischen Menschen.

______________________________ ist der Hund.

**6. Katze:** Katzen stehen für Unabhängigkeit und ein geheimnisvolles Wesen. Ihre Neugier und ihr eigenständiger Charakter spiegeln oft menschliche Züge wider, die Wert auf Selbstständigkeit und einen scharfen Verstand legen.

______________________________ ist die Katze.

**7. Elefant:** Elefanten sind ein Sinnbild für Weisheit, Stärke und ein erstaunliches Gedächtnis. Ihre sanfte Natur und starke familiäre Bindungen spiegeln menschliche Werte wie Mitgefühl und Loyalität wider.

________________________ ist der Elefant.

**8. Affe:** Affen werden oft mit Verspieltheit, Intelligenz und einer grenzenlosen Neugier assoziiert. Ihre Fähigkeit, zu lernen und sich anzupassen, macht sie zu einem Spiegelbild menschlicher Erfindungsgabe und jugendlicher Energie.

________________________ ist der Affe.

**9. Schwein:** Schweine werden oft fälschlicherweise als Symbol für Unordnung und Gier angesehen. In Wirklichkeit sind sie jedoch außerordentlich intelligente und soziale Tiere. Dennoch verwenden wir dieses Tier hier als Metapher für einen widerlichen, charakterlich oder sozial verdorbenen Menschen.

________________________ ist das Schwein.

**10. Pfau:** Der Pfau, bekannt für sein spektakuläres Federkleid, steht oft für Eitelkeit und Stolz. Die prächtige Entfaltung seiner Federn wird als Metapher für jemanden verwendet, der gerne im Mittelpunkt steht und seine Errungenschaften oder Schönheit zur Schau stellt.

________________________ ist der Pfau.

# Programme, Tools und Apps

Die Wahl der richtigen Anwendungen und Werkzeuge kann für Lehrkräfte einen großen Unterschied bei der Gestaltung und Effizienz ihres Unterrichts ausmachen. Diese digitalen Ressourcen sollen sowohl die Planung und Organisation als auch die Durchführung des Unterrichts erleichtern. Sie bieten innovative Möglichkeiten, um Schüler einzubinden, individuelles Lernen zu fördern und die Kommunikation innerhalb der Schulgemeinschaft zu verbessern. Im Folgenden finden Sie eine kuratierte Liste von Apps und Tools, die speziell entwickelt wurden, um Lehrer bei der Bewältigung ihrer täglichen Herausforderungen zu unterstützen und eine motivierende Lernumgebung zu schaffen. Hier kommt eine kleine Auswahl von bewährten Tools.

- **Kahoot!:** Diese spielerische LernApp ermöglicht Lehrern, interaktive Quizze zu erstellen, die Schülerinnen und Schüler auf ihren eigenen Geräten beantworten können. Es ist ein großartiges Werkzeug, um den Unterricht unterhaltsamer und engagierter zu gestalten.
(https://kahoot.it/)

- **MindMeister:** MindMeister ist ein Tool zur Erstellung von Mindmaps, das Lehrern hilft, Ideen zu visualisieren, Brainstorming-Sitzungen durchzuführen und komplexe Themen zu strukturieren. Es ist nützlich für die Planung von Unterrichtseinheiten und Projekten.
(https://www.mindmeister.com/de)

- **Headspace:** Da Lehrerberufe oft stressig sein können, bietet Headspace Meditationen und Atemübungen zur Förderung des Wohlbefindens. Es ist eine großartige Ressource für Lehrer, die Achtsamkeit in ihren Alltag integrieren möchten.
(https://www.headspace.com/de)

- **Notion:** Eine All-in-One-Workspace-App, die Lehrern ermöglicht, Notizen zu machen, Projekte zu verwalten, Datenbanken zu erstellen und vieles mehr in einem einzigen, anpassbaren System. Es ist besonders nützlich für die Organisation von Lehrmaterialien, die Planung von Unterrichtseinheiten und die Zusammenarbeit mit Kollegen. (https://notion.so)

- **Padlet:** Eine virtuelle Pinnwand, auf der Lehrer und Schüler Inhalte für ein kollaboratives Erlebnis posten können. Es unterstützt Text, Bilder, Links und Videos und ist hervorragend geeignet, um die Zusammenarbeit in der Klasse zu fördern. (https://padelt.com)

- **Quizlet:** Diese Plattform ermöglicht Lehrern, Lernsets mit Begriffen und Definitionen zu erstellen, die Schüler dann mit einer Reihe von Spielen und Lernmodi nutzen können. Es ist großartig für das Vokabellernen und andere Merkaktivitäten. (https://quizlet.com/de)

- **Trello:** Ein visuelles Tool für das Projektmanagement, das Lehrern hilft, ihre Aufgaben zu organisieren und zu priorisieren. Es ist besonders hilfreich für die Planung von Projekten und die Zusammenarbeit mit Kollegen und Schülern. (https://trello.com/de)

- **TeacherTool:** Dieses praktische digitale Klassenbuch erlaubt es Lehrern, Anwesenheiten, Noten und individuelle Schülerleistungen übersichtlich zu verfolgen. Es vereinfacht die Organisation des Unterrichts und verbessert die Kommunikation mit Schülern und Eltern, indem es eine einfache Plattform für den Austausch von Leistungsbewertungen und wichtigen Informationen bietet. TeacherTool minimiert administrative Aufgaben, um Lehrern mehr Zeit für die Bildungsarbeit zu geben. (https://teachertool.de/)

• **PDF Expert:** Eine robuste PDF-Bearbeitungs-App, die es Lehrkräften ermöglicht, PDF-Dokumente zu lesen, zu markieren und zu bearbeiten. Mit intuitiven Werkzeugen können Lehrer Texte hinzufügen, Bilder einfügen und Anmerkungen machen, was die Vorbereitung von Unterrichtsmaterial und die Zusammenarbeit an Dokumenten erleichtert. PDF Expert unterstützt auch das Ausfüllen und Unterschreiben von Formularen, was es zu einem nützlichen Tool für den schulischen Administrationsbereich macht.
(https://pdfexpert.com/de)

• **Dark Noise:** Eine App, die eine Vielzahl von beruhigenden Hintergrundgeräuschen bietet, um eine konzentrierte Arbeitsatmosphäre zu schaffen. Lehrer können diese App nutzen, um in lauten Klassenzimmern oder während der eigenen Vorbereitungszeit eine ruhigere Umgebung zu schaffen. Ob Meeresrauschen, Regenfall oder das Summen eines Cafés – Dark Noise hilft, Ablenkungen zu minimieren und die Konzentration zu fördern.
(https://darknoise.app/)

• **GoodNotes:** Eine Notiz-App, die es Lehrern ermöglicht, handschriftliche Notizen zu digitalisieren und zu organisieren. Sie bietet eine Vielzahl von Werkzeugen, um Notizbücher, interaktive Whiteboards und PDFs zu annotieren, was sie ideal für das Skizzieren von Konzepten, das Führen von Unterrichtsnotizen und das Vorbereiten von Lehrmaterialien macht. Mit GoodNotes können Lehrer ihre handschriftlichen Notizen durchsuchen und mit anderen teilen, was die Zusammenarbeit und den Austausch von Ideen erleichtert.
(https://www.goodnotes.com/de)

• **TooNoisy:** Eine einfache und unterhaltsame App, die den Geräuschpegel in Klassenzimmern überwacht. Lehrer können TooNoisy verwenden, um Schüler visuell über den aktuellen

Lärmpegel zu informieren. Wenn der Geräuschpegel zu hoch wird, warnt die App mit visuellen und akustischen Signalen. Es ist ein effektives Werkzeug, um Schüler zu motivieren, ein angemessenes Lautstärkeniveau beizubehalten, ohne dass der Lehrer ständig eingreifen muss.
(https://toonoisyapp.com/)

- **Mentimeter:** Eine interaktive Präsentationssoftware, die EchtzeitFeedback von Schülern durch Umfragen, Quizze und Abstimmungen ermöglicht. Lehrer können Mentimeter nutzen, um den Unterricht interaktiver zu gestalten und das Verständnis der Schüler zu überprüfen. Die App fördert die aktive Teilnahme und ermöglicht es, anonym Meinungen und Gedanken zu sammeln, was besonders nützlich für diskrete Feedback-Sessions ist.
(https://www.mentimeter.com/de-DE)

- **ANTON:** Eine Lern- und Übungs-App, die ein breites Spektrum von Fächern und Klassenstufen abdeckt. Mit ANTON können Lehrkräfte individuelle Lernpfade für ihre Schüler erstellen, Fortschritte nachverfolgen und Übungen zuordnen. Die App ist interaktiv und spielerisch gestaltet, was das Lernen für die Schüler ansprechend und motivierend macht.
(https://anton.app/de/)

# Sudoku (mittel)

Gehörst du zur intellektuellen Elite im Lehrerzimmer? Dann kannst du sicherlich dieses Sudoku lösen.

| | | | | | | | | |
|---|---|---|---|---|---|---|---|---|
| | | 2 | | | | | | |
| | 1 | 8 | | 4 | | | | 3 |
| | 4 | | 7 | | 1 | | | |
| | | | | | | | | |
| 6 | 5 | | | | | | 7 | 8 |
| 9 | | | | 7 | 6 | | 4 | |
| 1 | 7 | | | 5 | 3 | | | |
| | | 3 | 9 | 6 | 7 | 8 | | |
| | | 5 | 1 | | | 6 | | |

| | | | | | | | | |
|---|---|---|---|---|---|---|---|---|
| | | | | 9 | 4 | | | |
| | | | | | | 4 | | 7 |
| | 7 | | | | | 3 | | 5 |
| 1 | 5 | | 9 | | 8 | 7 | | 3 |
| 4 | | | 6 | | | | | 9 |
| | | 2 | 3 | | | | | |
| | | | 8 | 2 | | | 7 | |
| | | 9 | | | | | 6 | 2 |
| 2 | | | | | 6 | | | |

Lösung auf S. 83

# Awards

Lehrerinnen und Lehrer lieben Auszeichnungen. Dann sollen sie sie auch bekommen! Auf dieser Seite kannst du endlich alle Auszeichnungen vergeben, die du schon immer vergeben wolltest. Natürlich auch die weniger schmeichelhaften.

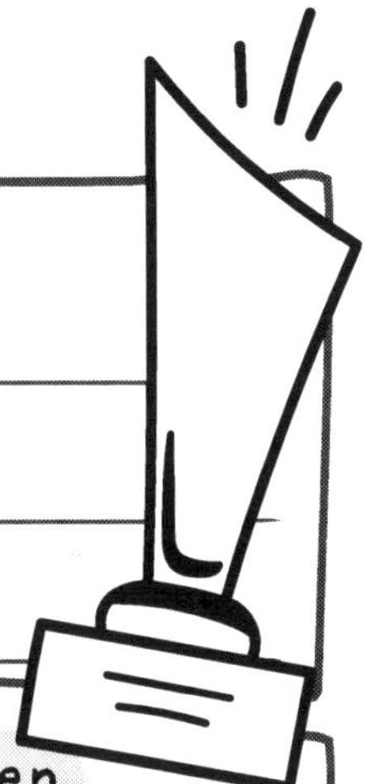

**Catwalk-Queen** (Die modischste Lehrerin)

1. Platz ______

2. Platz ______

3. Platz ______

**Würde ich nicht von der Bettkante stoßen**

1. Platz ______

2. Platz ______

3. Platz ______

**Mutter der Nation**

1. Platz ______

2. Platz ______

3. Platz ______

### Kaffeejunkie

1. Platz

2. Platz

3. Platz

### Wohnt noch bei Mutti

1. Platz

2. Platz

3. Platz

### Joker bei Günter Jauch

1. Platz

2. Platz

3. Platz

### Selfie-Star

1. Platz

2. Platz

3. Platz

**Größter Blaumacher**

1. Platz

2. Platz

3. Platz

**Muss ins Dschungelcamp** (Hoher Unterhaltungswert)

1. Platz

2. Platz

3. Platz

**Zukünftiger Nobelpreisträger**

1. Platz

2. Platz

3. Platz

**Dunkelste Vergangenheit**

1. Platz

2. Platz

3. Platz

**Größter Schnorrer**

1. Platz

2. Platz

3. Platz

**Umweltsünder**

1. Platz

2. Platz

3. Platz

**Wortakrobat**

1. Platz

2. Platz

3. Platz

**Sonnenschein** (Immer gut gelaunt)

1. Platz

2. Platz

3. Platz

# Wie man am besten auf Vorwürfe reagieren kann

Als Lehrer kann man sich noch so viel Mühe geben, irgendwann wird man mit Eltern konfrontiert, die berechtigte oder unberechtigte Forderungen stellen. Aber es gibt eine Möglichkeit, den Vorwürfen zu begegnen und die Gemüter direkt zu beruhigen.

**1. Vorwurf:** „Mein Kind bekommt zu viele Hausaufgaben."

**Einwand:**
„Ich verstehe Ihre Sorge um die Arbeitsbelastung Ihres Kindes. Die Hausaufgaben sind jedoch sorgfältig geplant, um das im Unterricht Gelernte zu vertiefen und die Selbstständigkeit zu fördern. Ich werde mich bemühen, ein Gleichgewicht zu finden, das den Schülern genügend Zeit für Erholung und andere Aktivitäten lässt. Gerne besprechen wir auch, wie Ihr Kind seine Zeit effizienter nutzen kann."

**2. Vorwurf:** „Sie verstehen mein Kind nicht."

**Einwand:**
„Es ist mir sehr wichtig, jedes Kind in meiner Klasse zu verstehen und zu unterstützen. Ich möchte mehr darüber erfahren, wie ich eine bessere Beziehung zu Ihrem Kind aufbauen kann. Lassen Sie uns gemeinsam besprechen, was Ihr Kind braucht, um sich im Unterricht wohler zu fühlen."

**3. Vorwurf:** „Sie sind zu streng."

**Einwand:** „Ich verstehe, dass es sich so anfühlen kann, und ich schätze Ihr Feedback. Mein Ziel ist es, ein Umfeld zu schaffen, in dem alle Schüler lernen und sich entwickeln können. Klare und konsequente Regeln helfen dabei, ein respektvolles und produktives Klassenzimmer zu schaffen. Ich bin jedoch offen für Feedback und bereit, meine Methoden anzupassen, um das Wohlbefinden aller Schüler zu fördern."

**4. Vorwurf:** „Mein Kind wird im Unterricht nicht genug gefördert."

**Einwand:** „Vielen Dank für Ihren Kommentar. Jeder Schüler hat individuelle Bedürfnisse und ich bemühe mich, allen gerecht zu werden. Lassen Sie uns besprechen, welche Bereiche Ihrer Meinung nach mehr Aufmerksamkeit benötigen und wie wir zusammenarbeiten können, um die Förderung Ihres Kindes zu verbessern."

**5. Vorwurf:** „Die Noten meines Kindes spiegeln nicht seine/ihre Fähigkeiten wider."

**Einwand:** „Ich verstehe, dass Sie besorgt sind. Es ist mir wichtig, dass die Bewertung fair und repräsentativ für die Leistung des Schülers ist. Lassen Sie uns gemeinsam die Arbeit Ihres Kindes durchgehen und besprechen, wo es Schwierigkeiten gibt und wie wir ihm helfen können, sein Potenzial voll auszuschöpfen."

**6. Vorwurf:** „Sie kommunizieren nicht genug mit uns Eltern."

**Einwand:** „Ich schätze Ihr Feedback und weiß, dass Kommunikation der Schlüssel zu einer erfolgreichen Partnerschaft zwischen Eltern und Lehrern ist. Ich werde darüber nachdenken, wie wir den Informationsfluss verbessern können, um sicherzustellen, dass Sie immer gut über die Fortschritte und das Wohlbefinden Ihres Kindes informiert sind."

**7. Vorwurf:** „Sie bevorzugen einige Schüler gegenüber anderen."

**Einwand:** „Ich nehme diesen Vorwurf sehr ernst, denn mein Ziel ist es, einen fairen und inklusiven Klassenraum zu schaffen, in dem sich jeder Schüler wertgeschätzt fühlt. Bitte lassen Sie uns über konkrete Beispiele sprechen, die Ihnen Sorgen bereiten, damit ich darauf eingehen und die notwendigen Anpassungen vornehmen kann."

**8. Vorwurf:** „Das Pensum ist zu hoch, mein Kind kommt nicht mit."

**Einwand:** „Es ist wichtig, dass wir das Lernpensum so gestalten, dass es herausfordernd, aber machbar ist. Ich möchte mit Ihnen und Ihrem Kind zusammenarbeiten, um individuelle Lösungen zu finden, die ihm helfen, erfolgreich zu sein. Möglicherweise können zusätzliche Unterstützungsangebote oder Anpassungen in der Herangehensweise hilfreich sein."

**9. Vorwurf:** „Sie reagieren nicht auf Mobbing."

**Einwand:** „Mobbing ist ein ernstes Problem, das ich nicht ignorieren kann. Ich möchte mit Ihnen und Ihrem Kind sprechen, um genaue Informationen zu erhalten und angemessen handeln zu können. Es ist wichtig, dass wir eine Kultur der Offenheit und des Respekts fördern, in der sich jedes Kind sicher fühlt."

**10. Vorwurf:** „Sie geben nicht genug positives Feedback."

**Einwand:** „Ich schätze diese Bemerkung sehr, denn positives Feedback ist für die Motivation und das Selbstvertrauen der Schüler von entscheidender Bedeutung. Ich versuche, ein Gleichgewicht zwischen positiver Verstärkung und konstruktivem Feedback zu finden, um das Lernen und die Entwicklung aller Schüler zu fördern. Lassen Sie uns darüber sprechen, wie ich die Erfolge und Fortschritte Ihres Kindes noch besser hervorheben kann. Ich bin auch offen für Ideen, wie wir die Kultur der Anerkennung und des Lobes in unserer Klassengemeinschaft weiter stärken können."

# Sudoku (schwer)

Du hattest einen anstrengenden Tag? Du möchtest die Schule in Flammen aufgehen sehen? Dann versuche dieses Sudoku zu lösen. Danach fühlst du dich besser. Versprochen!

| | | | | | | | | |
|---|---|---|---|---|---|---|---|---|
| 4 | | | | | | | 7 | |
| | 7 | | 5 | 2 | | 4 | | 1 |
| | | | | | 8 | 9 | | |
| 7 | | | 2 | 3 | | | | 5 |
| 1 | | | 9 | | | 2 | | |
| | 3 | | | | 5 | | | |
| 9 | | 8 | 1 | | 2 | | 5 | |
| | | | | | 9 | | 2 | |
| 5 | | 1 | | | | | | |

| | | | | | | | | |
|---|---|---|---|---|---|---|---|---|
| 7 | | | | | | | | 2 |
| 5 | | | 3 | | 2 | | 4 | |
| 8 | 2 | | | | 9 | 5 | 1 | |
| | | | | 8 | | | | |
| | 5 | 9 | 1 | | | 8 | | |
| 2 | 6 | | | | 7 | | 3 | |
| | 7 | 5 | | 4 | | | | |
| 1 | | | 2 | | | | | |
| | | | 6 | | | | | 5 |

Lösung auf S. 83

# Sudoku (mittel)

Die bisherigen Sudokus waren für dich nur eine Fingerübung? Dann probiere diese aus.

| | | | | | | | | | | | | | | | |
|---|---|---|---|---|---|---|---|---|---|---|---|---|---|---|---|
| | | 5 | | 16 | | | | | | | | | | | |
| | 15 | | | | 9 | | | | | | 4 | | 16 | | |
| | 10 | 8 | | | | 4 | | | | | | | | | |
| | | | | | | | | | | | 10 | | | 9 | |
| | | | | | | | | | | 6 | 7 | 14 | 1 | 4 | 2 |
| | | | | 13 | 2 | 16 | 6 | | 4 | | 14 | | | 12 | 3 |
| | | | | | | 8 | | | | | | 11 | 5 | 6 | 10 |
| | | | 6 | 12 | | | | | | | | | | | |
| 15 | | | 9 | | | | | 7 | | 5 | | | | | 6 |
| 3 | | 11 | 16 | 2 | 1 | | 8 | | | | | 7 | | 15 | |
| 8 | 5 | 10 | | | | | 7 | | 6 | | | | 14 | | |
| | | | | | | | | 16 | | | | | | | 1 |
| | 1 | | | 4 | | | | | | 7 | | 3 | | | |
| | | | | | 6 | | | 3 | | 16 | | 10 | 12 | 7 | |
| 4 | | | | | 16 | | 12 | | 13 | | 1 | | 2 | | |
| | | | | | | 7 | | 4 | 12 | | | | | | 9 |

| | | | | | | | | | | | | | | | |
|---|---|---|---|---|---|---|---|---|---|---|---|---|---|---|---|
| | 8 | | | | | 13 | 1 | | 4 | 12 | | 16 | 9 | | |
| | | | | 14 | 4 | | | 16 | | | 13 | 10 | | | 6 |
| | | | | | | 11 | | | | 14 | | | | | |
| | 4 | | | | | 2 | | | 11 | 3 | | | | | 7 |
| 8 | | | | | | 10 | | | | 13 | | 14 | 3 | 6 | |
| 15 | | 9 | 13 | | 5 | | | | | 16 | 14 | 1 | | | |
| | 11 | | 2 | | | | 14 | 8 | | | | | 12 | | |
| | | | 7 | | | | | 10 | 6 | | | | | | |
| | | | | | | 12 | | 9 | 14 | | | 6 | 13 | 3 | |
| 14 | 3 | | 9 | | | | | 2 | | | 12 | | 16 | | |
| 2 | | | | | 16 | | 13 | 3 | | 11 | 6 | | | | |
| | | | | 3 | 8 | | 11 | | | | | | | 12 | |
| | | | | | | | | 11 | | 2 | | | | | |
| | | | 8 | 7 | | 16 | | | 5 | | 9 | | | | |
| 9 | 13 | | 10 | | | | | | | 6 | | | | | 5 |
| | | | | | | | 2 | | | | | | | | |

Lösung auf S. 84

# Sudoku (mittel)

Noch mehr Sudokus? Ja - denn die helfen beim Entspannen! Dieses ist auch nicht so ... schwer. Hier wirst du doch nicht scheitern, oder?

| | | | | | | | | | | | | | | | |
|---|---|---|---|---|---|---|---|---|---|---|---|---|---|---|---|
| 4 | 10 | | | | 14 | | | 9 | | | | | | | |
| | 6 | | 7 | | | 9 | | | | 16 | 8 | | | | |
| 12 | | | 9 | 11 | | | 16 | | | 4 | 15 | | | | 6 |
| | | | 2 | | | | | | | | | 1 | | 9 | |
| | | | | | | 1 | 6 | 3 | | | 2 | | | | |
| | | | | | | | | | 16 | 9 | | | | | |
| | | | | 12 | | | 9 | | | | 7 | 13 | | | |
| | | 15 | | 8 | | 2 | 7 | | 6 | 12 | | 14 | | | |
| | | 6 | 10 | | | 12 | | 15 | 3 | | | | | | |
| | | | | | 6 | | 4 | | 9 | | | | 16 | | |
| | | | | | 9 | | | | | | | | | | |
| | | | | | | | | | | | | 8 | | | |
| | | | | | | | | | | 5 | 9 | | 13 | 8 | 1 |
| | | | 12 | 2 | | 16 | 5 | | 8 | | | | | 4 | |
| | | | | 9 | 7 | | | | 4 | 1 | | | | | |
| | | 9 | 6 | | | | 3 | | | 15 | 13 | | | | |

| | | | | | | | | | | | | | | | |
|---|---|---|---|---|---|---|---|---|---|---|---|---|---|---|---|
| | | | | 3 | | | | 4 | | 14 | | | | | |
| 7 | | | | | 1 | 2 | 9 | 8 | | | | | | | 4 |
| | | | | 7 | | 15 | | | | | 1 | | 12 | | |
| | | 12 | | | | | | | | | 6 | | | 14 | |
| | | | | | 5 | | | | | | | | 11 | | |
| | | | | 1 | 16 | | 7 | | 2 | | | | | | |
| 12 | 6 | 13 | | | | 3 | | | | 9 | | | | | |
| | 4 | | | | | | 13 | | 11 | 12 | 3 | 14 | | | |
| | | | | 2 | | | 4 | | 9 | | 7 | | | 11 | |
| | 8 | | | | | | 16 | 11 | | | 15 | | | | |
| 9 | | 7 | | | | 5 | | 2 | | | | 4 | 10 | | |
| | 11 | 2 | | | | | | | | | | 16 | 1 | 9 | |
| | | | | | 8 | | 5 | | | | | | | | |
| | 7 | | | 4 | | | | 6 | | | 11 | | | | |
| | | | | | 7 | | 14 | | 4 | 16 | 13 | | | | |
| 6 | | | 12 | | 10 | 11 | | 1 | | | | | | | 7 |

Lösung auf S. 85

# Mandala ausmalen

Atmen! Bleib ruhig! Male dieses Mandala, wenn du gestresst bist. Es wird dich beruhigen.

# Tipps, wie man auch mit unangenehmen Menschen gut umgehen kann

Der Umgang mit unangenehmen Menschen kann eine Herausforderung sein, aber mit den richtigen Strategien ist es möglich, solche Situationen positiv zu meistern. Hier sind fünf Hinweise, die dabei helfen können.

### 1. Ruhe bewahren und professionell bleiben:

Egal wie unangenehm oder herausfordernd das Verhalten der anderen Person ist, es ist wichtig, die eigene Ruhe zu bewahren. Reagiere sachlich und professionell, ohne emotional zu werden. Das hilft, die Situation nicht weiter zu eskalieren.

### 2. Grenzen setzen:

Setze klare Grenzen, um zu verhindern, dass unangenehme Menschen dein Wohlbefinden beeinträchtigen. Kommuniziere deutlich, was du als akzeptables Verhalten betrachtest und was nicht. Setze klare Grenzen, um dir selbst und anderen zu helfen, ihr Verhalten zu reflektieren.

**3. Übe Empathie:**

Versuche, die Perspektive der anderen Person zu verstehen. Oft haben unangenehme Verhaltensweisen tiefer liegende Ursachen, wie Stress, Unsicherheit oder persönliche Probleme. Empathie zu zeigen kann helfen, die Situation zu entschärfen und eine konstruktivere Kommunikation zu fördern.

**4. Kommuniziere effektiv:**

Kommuniziere klar und direkt, besonders im Umgang mit schwierigen Personen. Stelle sicher, dass du deutlich machst, was du meinst, und vermeide Missverständnisse. Höre aktiv zu und bestätige, dass du die Sichtweise der anderen Person verstanden hast, bevor du deine eigene Position darlegst.

**5. Suche nach Lösungen, nicht nach Konflikten:**

Konzentriere dich darauf, Lösungen für das zugrunde liegende Problem zu finden. Konzentriere dich nicht auf den Konflikt. Arbeite zusammen mit der unangenehmen Person, um einen Kompromiss oder eine Lösung zu finden, die für beide Seiten akzeptabel ist. Es kann hilfreich sein, einen neutralen Dritten hinzuzuziehen, um eine Lösung zu vermitteln.

# Die Voodoo-Puppe

Voodoo basiert auf einem alten afrikanischen Glauben, der sich über mehrere Jahrtausende erstreckt. Sein Name stammt aus dem Wortschatz der Fon, der vorherrschenden Ethnie in Benin, und bedeutet Gott.

Wenn du bereit bist, diese Puppe zu benutzen, wird der Schmerz groß sein. Was immer du mit dieser Puppe machst, wird auch deinem Widersache passieren. Überlege dir also gut, wie weit du gehen willst!

# Beschimpfungen in verschiedenen Sprachen

## Ansage an Schüler

**„Du kannst wirklich gar nichts!“**

- Du kan virkelig ikke gøre noget! (Dänisch)
- Je kunt echt niets doen! (Niederländisch)
- Chiar nu poţi face nimic! (Rumänisch)
- Naprawdę nie możesz nic zrobić! (Polnisch)
- ¡Realmente no puedes hacer nada! (Spanisch)

## Ansage an Kollegen

**„Du hast deinen Abschluss im Lotto gewonnen!“**

- Du vandt din eksamen i lotteriet! (Dänisch)
- Je hebt je diploma gewonnen in de loterij! (Niederländisch)
- Ţi-ai câştigat diploma la loto! (Rumänisch)
- Wygrałeś dyplom na loterii! (Polnisch)
- Te ha tocado el título en la lotería. (Spanisch)

## Ansagen an Eltern

**„Ich hoffe, Sie schmoren in der Hölle!“**

- Jeg håber, du brænder i helvede! (Dänisch)
- Ik hoop dat je brandt in de hel! (Niederländisch)
- Sper să arzi în iad! (Rumänisch)
- Mam nadzieję, że spłoniesz w piekle! (Polnisch)
- ¡Espero que ardas en el infierno!

# Einwände gegen Schüler

In der dynamischen Welt der Bildung ist es unvermeidlich, dass Schüler gelegentlich Vorwürfe gegen Lehrer erheben. Diese Vorwürfe können ein breites Spektrum abdecken, von wahrgenommenen Ungerechtigkeiten bei der Notenvergabe über die Art und Weise, wie der Unterricht gestaltet wird, bis hin zu persönlichen Differenzen. Schüler können beispielsweise behaupten, dass eine Lehrkraft voreingenommen ist, dass der Unterrichtsstil nicht ihren Lernbedürfnissen entspricht oder dass die Hausaufgaben unangemessen oder übertrieben sind. In einigen Fällen beschweren sie sich auch über mangelnde Unterstützung oder über das Gefühl, im Unterricht übersehen zu werden.

Für Lehrer ist es wichtig, auf solche Beschwerden vorbereitet zu sein, nicht nur um die Integrität des Lernumfelds zu wahren, sondern auch um das Vertrauen und den Respekt ihrer Schüler zu sichern. Ein effektiver Umgang mit Einwänden ermöglicht es Lehrkräften, Bedenken ernst zu nehmen, Missverständnisse zu klären und Lösungen zu finden, die sowohl den Bedürfnissen der Schüler als auch den pädagogischen Zielen gerecht werden. Darüber hinaus trägt ein proaktiver Umgang mit Einwänden zu einer positiven Lernatmosphäre bei, in der sich alle Schüler wertgeschätzt und verstanden fühlen. Dies stärkt nicht nur die Beziehung zwischen Lehrer und Schüler, sondern verbessert auch die allgemeine Lerneffektivität und das Engagement im Unterricht.

**1. Vorwurf:** „Der Unterricht ist langweilig."

**Einwand:** „Ich bin Lehrer und kein Entertainer. Aber ich verstehe, dass manche Themen nicht so attraktiv sind. Lass uns gemeinsam überlegen, wie wir das Thema interessanter gestalten können. Hast du Vorschläge oder Themen, die dich besonders interessieren? Vielleicht können wir das in die Reihe einbauen."

**2. Vorwurf:** „Sie haben Lieblingsschüler."

**Einwand:** „Mir ist es wichtig, dass sich alle fair behandelt fühlen. Wenn du das Gefühl hast, dass dies nicht der Fall ist, lass uns darüber reden. Es ist nie meine Absicht, jemanden zu bevorzugen."

**3. Vorwurf:** „Sie erklären die Inhalte nicht verständlich."

**Einwand:** „Danke für deine Rückmeldung. Es ist mir wichtig, dass alle verstehen, worum es geht. Können wir gemeinsam einen Teil des Themas durchgehen, bei dem du Schwierigkeiten hast?"

**4. Vorwurf:** „Die Hausaufgaben sind zu schwer."

**Einwand:** „Die Aufgaben sollen euch herausfordern, aber ich möchte nicht, dass sie zu schwer sind. Lass uns besprechen, welche Teile besonders schwierig sind, damit ich dir helfen oder die Aufgaben anpassen kann".

**5. Vorwurf:** „Sie sind ungerecht."

**Einwand:** „Gerechtigkeit ist für mich sehr wichtig. Kannst du mir ein Beispiel nennen, wo du dich ungerecht behandelt gefühlt hast? Ich möchte verstehen, wie ich mich verbessern kann."

**6. Vorwurf:** „Sie hören uns nicht zu."

**Einwand:** „Es tut mir leid, wenn ihr euch nicht gehört fühlt. Ich schätze eure Meinungen und Ideen sehr. Lasst uns gemeinsam über eure Anliegen sprechen."

**7. Vorwurf:** „Sie machen uns zu viel Druck."

**Einwand:** „Mein Ziel ist es, euch zu motivieren und auf Herausforderungen vorzubereiten, nicht euch zu überfordern. Lasst uns darüber reden, wie wir besser mit dem Druck umgehen können, damit ihr euch nicht überlastet fühlt."

**8. Vorwurf:** „Sie verstehen nicht, was wir durchmachen."

**Einwand:** „Ich möchte verstehen, was ihr durchmacht. Erzählt mir mehr darüber. Es ist wichtig für mich, eure Perspektive zu kennen, damit ich euch besser unterstützen kann."

**9. Vorwurf:** „Sie bewerten zu streng. Meine Note ist unfair."

**Einwand:** „Ich bemühe mich um eine faire und genaue Bewertung. Wenn du Zweifel an einer bestimmten Bewertung hast, lass uns darüber reden und ich werde dir erklären, wie ich zu dieser Bewertung gekommen bin."

**10. Vorwurf:** „Sie nehmen sich nicht genug Zeit für uns."

**Einwand:** „Ich möchte sicherstellen, dass ich jedem von euch die Aufmerksamkeit schenke, die ihr braucht. Wenn du das Gefühl hast, dass du zu kurz kommst, werden wir einen Weg finden, wie ich dir besser helfen kann."

**11. Vorwurf:** „Warum bekomme ich keine 1+? Ich gebe mir doch so viel Mühe.“

**Einwand:** „Ich sehe und schätze wirklich die harte Arbeit, die du in deine Aufgaben steckst. Es ist wichtig zu verstehen, dass eine 1+ eine außergewöhnliche Leistung ist, die über das erwartete hohe Niveau hinausgeht. Das sehe ich bei dir noch nicht. Lass uns jetzt gemeinsam herausfinden, was genau für eine 1+ notwendig ist und wo du dich noch verbessern kannst. Ich möchte dir helfen, deine Ziele zu erreichen und kann dir konkrete Tipps geben, wie du deine Fähigkeiten weiterentwickeln kannst. Erinnere dich auch daran, dass Noten zwar wichtig sind, aber deine Entwicklung und dein Verständnis des Stoffes im Vordergrund stehen sollten. Ich bin hier, um dir dabei zu helfen.“

# Wut – Das solltest du darüber wissen …

Wut ist für Lehrerinnen und Lehrer eine ebenso grundlegende Emotion wie für jeden anderen Menschen und gehört zum breiten Spektrum emotionaler Reaktionen, zu denen auch Freude, Trauer oder Angst gehören. Im schulischen Kontext kann Wut als Reaktion auf wahrgenommene Bedrohungen, Ungerechtigkeiten oder Frustrationen entstehen, sei es aufgrund von Herausforderungen im Unterricht, überfordernden administrativen Aufgaben oder Konflikten mit Schülern, Eltern oder Kollegen. Obwohl Ärger häufig negativ wahrgenommen wird, hat er auch eine konstruktive Seite, insbesondere wenn es darum geht, Veränderungen anzustoßen oder wichtige Anliegen zu kommunizieren.

Für Lehrkräfte ist das Verstehen und der konstruktive Umgang mit Ärger ein zentraler Bestandteil emotionaler Intelligenz. Dies erfordert Selbstreflexion, um die Ursachen von Ärger zu verstehen, Selbstkontrolle, um impulsives Verhalten zu vermeiden, und Empathie, um die Perspektiven anderer zu berücksichtigen. Wenn Lehrerinnen und Lehrer lernen, effektiv mit Ärger umzugehen, verbessern sie nicht nur ihr eigenes Wohlbefinden, sondern fördern auch ein positives und produktives Lernumfeld.

Effektives Wutmanagement kann dazu beitragen, konstruktive Lösungen für Konflikte zu finden, klare Grenzen zu setzen und den Respekt in der Schüler-Lehrer-Beziehung zu stärken. Darüber hinaus hilft es Lehrkräften, als Vorbilder im Umgang mit Emotionen zu fungieren, und trägt zu einer harmonischeren und kooperativeren Schulkultur bei.

## Tipps für ein gelungenes Wutmanagement

Ein effektiver Umgang mit Wut ist für Lehrerinnen und Lehrer entscheidend, um ein positives Lernumfeld zu schaffen und persönliches Wohlbefinden zu fördern. Hier sind fünf praktische Tipps, wie Lehrerinnen und Lehrer konstruktiv mit Wut umgehen können.

Wutmanagement ist ein wichtiger Bestandteil emotionaler Intelligenz und kann dazu beitragen, Stress zu reduzieren, Beziehungen zu verbessern und allgemein zu einem ausgeglicheneren Leben zu führen.

### 5 effektive Tipps, wie man mit Wut umgehen kann

1. **Atempausen einlegen:** Wenn du spürst, dass Wut aufkommt, versuche, eine Pause einzulegen, bevor du reagierst. Tiefes Atmen kann besonders hilfreich sein, um den Körper zu beruhigen und einen klareren Kopf zu bekommen. Atme tief durch die Nase ein, halte den Atem kurz an und atme dann langsam durch den Mund aus. Wiederhole dies einige Male.

2. **körperliche Aktivität:** Bewegung kann ein effektiver Weg sein, um aufgestaute Energie und Spannungen abzubauen, die sich als Wut manifestieren können. Etwas so Einfaches wie ein schneller Spaziergang, Joggen oder jede Form von Sport, die dir Spaß macht, kann helfen, deine Stimmung zu verbessern und Wut zu reduzieren.

3. **Ausdrücken, nicht unterdrücken:** Wut zu unterdrücken ist keine gesunde Langzeitstrategie. Stattdessen ist es wichtig, deine Gefühle auf eine konstruktive Weise auszudrücken. Kommuniziere klar und ruhig, warum du wütend bist und was du dir als Lösung wünschst. Das kann helfen, Missverständnisse zu klären und Konflikte zu lösen.

4. **Zeit für sich selbst nehmen:** Manchmal ist der beste Weg, mit Wut umzugehen, sich Zeit zu nehmen, um sich zu beruhigen und die Situation zu reflektieren. Das kann bedeuten, sich von der Situation zu entfernen, die die Wut ausgelöst hat, und etwas Zeit allein zu verbringen, um über die Ursachen der Wut nachzudenken und wie du in Zukunft besser darauf reagieren kannst.

5. **Suche nach Lösungen:** Anstatt sich auf das Problem zu konzentrieren, das die Wut ausgelöst hat, versuche, nach Lösungen zu suchen. Frage dich, was konkret getan werden kann, um die Situation zu verbessern oder zu lösen. Dieser lösungsorientierte Ansatz kann helfen, aus der Wut herauszukommen und zu einem konstruktiveren Zustand überzugehen.

# Das solltest du über Stress wissen ...

Stress ist ein allgegenwärtiges Phänomen im Lehrerberuf, das durch das ständige Wechselspiel zwischen den hohen Anforderungen des Schulalltags und der individuellen Bewältigungskompetenz der Lehrkräfte gekennzeichnet ist. Trotz der häufig negativen Wahrnehmung von Stress kann er sowohl positive als auch negative Auswirkungen auf Lehrerinnen und Lehrer haben. Ein umfassendes Verständnis von Stress, seinen Ursachen und Auswirkungen auf Körper und Geist ist für Lehrkräfte von entscheidender Bedeutung, um wirksame Strategien zur Stressbewältigung zu entwickeln.

Durch den Erwerb und die Anwendung von Stressbewältigungstechniken können Lehrerinnen und Lehrer ihre Widerstandsfähigkeit gegenüber den täglichen Belastungen stärken. Dies verbessert nicht nur ihre eigene Lebensqualität und ihr Wohlbefinden, sondern wirkt sich auch direkt auf ihre pädagogische Arbeit aus. Eine Lehrkraft, die gut mit Stress umgehen kann, schafft eine positivere Lernumgebung, fördert die Motivation und das Engagement der Schülerinnen und Schüler und trägt zu einem harmonischeren Schulklima bei.

Indem Lehrkräfte lernen, Stressoren im Schulalltag zu erkennen und gesunde Bewältigungsmechanismen zu entwickeln, können sie die Herausforderungen des Lehrberufs nicht nur effektiver bewältigen, sondern auch als Chance für ihre persönliche und berufliche Entwicklung nutzen.

- **Stress ist eine natürliche Reaktion:** Stress ist eine natürliche physiologische und psychologische Reaktion auf Herausforderungen und Bedrohungen. Diese Reaktion, die oft als Kampf oder Flucht bezeichnet wird, bereitet den Körper darauf vor, effektiv auf Anforderungen zu reagieren, indem Energie mobilisiert und die Wachsamkeit erhöht wird.

- **Stress ist nicht gleich Stress:** Stress kann in zwei Hauptkategorien eingeteilt werden: Eustress (positiver Stress) und Distress (negativer Stress). Eustress kann motivierend und leistungssteigernd wirken, während Distress zu Angst, Depression und sogar körperlichen Gesundheitsproblemen führen kann.

- **Kurzfristiger vs. langfristiger Stress:** Kurzfristiger Stress kann in bestimmten Situationen nützlich sein, indem er die Leistungsfähigkeit und Konzentration erhöht. Langfristiger, chronischer Stress hingegen kann der Gesundheit schaden und das Risiko für zahlreiche Krankheiten erhöhen.

- **Stressbewältigung ist individuell:** Was für den einen stressig ist, kann für den anderen motivierend sein. Die Bewältigungsstrategien und die Widerstandsfähigkeit gegenüber Stress sind von Mensch zu Mensch sehr unterschiedlich. Effektive Stressbewältigung erfordert daher individuell angepasste Ansätze.

- **Stress und Gesundheit:** Chronischer Stress wird mit einer Reihe von Gesundheitsproblemen in Verbindung gebracht, darunter Herzkrankheiten, Diabetes, Depressionen und Angstzustände. Ein wirksames Stressmanagement ist daher entscheidend für die Förderung und Erhaltung der Gesundheit.

## 5 Tipps, um dem Stress zu begegnen

Für Lehrerinnen und Lehrer kann ein effektives Stressmanagement entscheidend sein, um den Anforderungen des Schulalltags gerecht zu werden und gleichzeitig das persönliche Wohlbefinden zu erhalten. Hier sind fünf praktische Tipps, die dabei helfen können.

1. **Priorisieren und Planen:** Lerne, deine Aufgaben nach Wichtigkeit und Dringlichkeit zu ordnen. Ein klarer Tages- und Wochenplan kann Ihnen helfen, sich auf das Wesentliche zu konzentrieren und Überforderung zu vermeiden. Zeitmanagement-Tools und -Techniken wie To-Do-Listen oder digitale Kalender können dabei helfen, den Überblick zu behalten und sich realistische Ziele zu setzen.

2. **Grenzen setzen:** Es ist wichtig, persönliche Grenzen zu setzen und „Nein" zu sagen, wenn die eigenen Kapazitäten erreicht sind. Das kann bedeuten, zusätzliche Verpflichtungen abzulehnen oder bestimmte Aufgaben zu delegieren. Das Setzen von Grenzen hilft nicht nur, Stress abzubauen, sondern fördert auch eine gesunde Work-Life-Balance.

3. **Achtsamkeits- und Entspannungstechniken:** Achtsamkeitsübungen wie Meditation, tiefes Atmen oder Yoga können helfen, den Geist zu beruhigen und Stress abzubauen. Wer sich regelmäßig Zeit für solche Übungen nimmt, kann seine Fähigkeit verbessern, im Hier und Jetzt zu leben und mit Stresssituationen gelassener umzugehen.

4. **Soziale Unterstützung suchen:** Der Austausch mit Kolleginnen und Kollegen, Freunden oder Familienmitgliedern kann eine wichtige Ressource im Umgang mit Stress sein. Gespräche bieten nicht nur die Möglichkeit, sich auszutauschen und Unterstützung zu erhalten, sondern können auch neue Perspektiven und Lösungsansätze für belastende Herausforderungen bieten.

5. **Bewegung und Hobbys:** Regelmäßige Bewegung ist ein wirksames Mittel, um Stress abzubauen und das allgemeine Wohlbefinden zu steigern. Ob Sport, Spaziergänge in der Natur oder Tanzen - finden Sie eine Form der Bewegung, die Ihnen Spaß macht. Auch das Pflegen von Hobbys und Interessen außerhalb der Schule kann helfen, den Kopf freizubekommen und Stress abzubauen.

# Die Abendroutine

Eine Abendroutine ist wie ein einfaches Ritual, das den Übergang von den Herausforderungen und der Hektik des Tages zur Ruhe und Erholung der Nacht markiert. Für Lehrer, die täglich mit einer Vielzahl von Aufgaben, Verantwortlichkeiten und emotionalen Belastungen konfrontiert sind, kann eine solche Routine besonders wertvoll sein. Sie dient nicht nur dazu, Stress abzubauen und den Geist zu beruhigen, sondern auch dazu, den Körper auf eine erholsame Nacht vorzubereiten und so die Schlafqualität zu verbessern. Eine gut durchdachte Abendroutine kann auch helfen, die Ereignisse des Tages zu verarbeiten, sich auf den nächsten Tag vorzubereiten und eine positive Einstellung zu fördern. Kurz gesagt, es ist ein wichtiger Schritt in Richtung Selbstfürsorge, der es Lehrern ermöglicht, sich zu regenerieren und den nächsten Tag mit neuer Energie und klarem Kopf zu beginnen. Hier ist eine solche Routine, die speziell entwickelt wurde, um den Abend in eine Zeit der Erneuerung und des Wohlbefindens zu verwandeln.

### 1. Den Tag reflektieren:

Nimm dir einen Moment Zeit, um über den Tag nachzudenken. Was ist gut gelaufen? Wo gab es Herausforderungen? Das hilft dir, ein Gefühl der Zufriedenheit zu entwickeln und Bereiche zu erkennen, in denen du dich verbessern kannst.

### 2. Plane den nächsten Tag:

Nimm dir ein paar Minuten Zeit, um den nächsten Tag zu planen. Erstelle eine To-Do-Liste oder lege Materialien bereit, die du benötigst. So kannst du Stress abbauen und den Tag organisiert und vorbereitet beginnen.

### 3. Digital Detox:
Schalte elektronische Geräte mindestens eine Stunde vor dem Schlafengehen aus. Das verbessert deine Schlafqualität und hilft deinem Geist, zur Ruhe zu kommen.

### 4. Gönne dir Entspannung:
Verbringe Zeit mit etwas, das dich entspannt und dir Spaß macht, wie z. B. Lesen, Meditation, ein warmes Bad oder sanftes Yoga. Solche Aktivitäten beruhigen deinen Geist und bereiten deinen Körper auf eine erholsame Nacht vor.

### 5. Bereite dich auf das Schlafen vor:

Führe ein beruhigendes Schlafritual durch, trinke zum Beispiel einen Kräutertee oder höre ruhige Musik. Versuche, jeden Abend zur gleichen Zeit ins Bett zu gehen, um einen gesunden Schlafrhythmus zu entwickeln.

### 6. Übe Dankbarkeit:
Schreibe drei Dinge auf, für die du heute dankbar bist. Das fördert Positivität und steigert dein allgemeines Wohlbefinden.

### 7. Visualisiere deinen idealen nächsten Tag:
Stelle dir vor dem Einschlafen kurz vor, wie dein nächster Tag perfekt verlaufen könnte. Dies stärkt eine positive Einstellung und hilft dir, motiviert und zuversichtlich in den neuen Tag zu starten.

# Kurze Meditationsanleitungen für eine schnelle Entspannung

Für eine effektive, aber dennoch schnelle Entspannungspause, die ideal für Lehrkräfte geeignet ist, um inmitten eines hektischen Schultages Ruhe zu finden, bietet sich eine leicht modifizierte, etwa drei Minuten dauernde Meditation an. Hier ist eine detaillierte, aber dennoch kurze Anleitung:

**1. Finde einen ruhigen Ort:**
Suche Dir einen Ort, an dem Du für ein paar Minuten ungestört sein kannst.

**2. Bequeme Haltung:**
Setze Dich oder stelle Dich bequem hin. Halte Deinen Rücken gerade.

**3. Augen schließen:**
Schließe Deine Augen sanft, um Ablenkungen zu minimieren.

**4. Achte auf Deinen Atem:**
Konzentriere Dich auf Deinen natürlichen Atemfluss. Spüre, wie die Luft ein- und ausströmt.

**5. Gedanken loslassen:**
Wenn Gedanken auftauchen, lass sie vorbeiziehen und kehre mit Deiner Aufmerksamkeit zum Atem zurück.

**6. Beenden:**
Nach ca. 1-2 Minuten öffne langsam die Augen und kehre in den Alltag zurück.

# Affirmationen für Lehrer

Affirmationen können ein effektives Werkzeug sein, um Stress zu bewältigen und eine positive Einstellung zu fördern. Hier sind einige speziell für Lehrerinnen und Lehrer konzipierte Affirmationen, die dabei helfen können, mit den täglichen Herausforderungen im Bildungswesen umzugehen:

1. **Ich bin ein kompetenter und fähiger Lehrer.**
   Diese Affirmation stärkt das Selbstvertrauen und hilft, Selbstzweifel zu überwinden.

2. **Ich habe die Kraft, positive Veränderungen in meinen Schülern zu bewirken.**
   Erinnert Lehrkräfte an ihre wichtige Rolle in der Entwicklung ihrer Schüler.

3. **Ich bin geduldig und ruhig, auch in herausfordernden Situationen.**
   Fördert die Entwicklung von Gelassenheit und Geduld im Umgang mit schwierigen Situationen.

4. **Ich finde Freude in meiner Arbeit und bin dankbar für die Gelegenheit, zu lehren.**
   Hilft, die Motivation aufrechtzuerhalten und die positiven Aspekte des Lehrberufs zu schätzen.

5. **Meine Arbeit macht einen Unterschied.**
   Eine wichtige Erinnerung an den Wert und Einfluss, den Lehrer auf das Leben ihrer Schüler haben.

**6. Ich setze gesunde Grenzen zwischen Beruf und Privatleben.**

Unterstützt Lehrkräfte dabei, ein Gleichgewicht zu finden und Überarbeitung zu vermeiden.

**7. Ich bin resilient und finde Wege, mich von Rückschlägen zu erholen.**

Stärkt die Widerstandsfähigkeit und die Fähigkeit, mit Misserfolgen umzugehen.

**8. Ich nehme mir Zeit für mich selbst, um aufzutanken und meine Energie zu erneuern.**

Betont die Bedeutung der Selbstfürsorge und des persönlichen Wohlbefindens.

**9. Ich bin offen für Feedback und nutze es als Gelegenheit zum Wachstum.**

Fördert eine positive Einstellung gegenüber Kritik und die Bereitschaft zur persönlichen und beruflichen Entwicklung.

**10. Ich kommuniziere klar und effektiv mit Kollegen, Schülern und Eltern.**

Unterstützt die Entwicklung starker Kommunikationsfähigkeiten, die für den Erfolg im Bildungsbereich entscheidend sind.

# Tipps und Tricks für einen entspannten Schultag

Ein entspannter Schultag trägt nicht nur zum Wohlbefinden des Lehrers bei, sondern verbessert auch das Lernumfeld für die Schüler. Hier sind zehn Tipps und Tricks für einen möglichst stressfreien Schultag.

**Früher Start:**

Beginne den Tag etwas früher, um Zeit für eine ruhige Vorbereitung zu haben, ohne hetzen zu müssen. Die gewonnene Zeit kann genutzt werden, um den Tag zu planen, sich mental auf die kommenden Stunden vorzubereiten oder einfach einen Moment der Ruhe zu genießen.

Strukturierte Vorbereitung:

Plane deinen Unterricht im Voraus. Eine klare Struktur und vorbereitete Materialien verhindern Stress in letzter Minute und geben dir Sicherheit.

**Positive Einstellung:**

Beginne den Tag mit positiven Gedanken oder einer kurzen Meditation. Ein positiver Start kann die Einstellung für den ganzen Tag prägen.

**Pausen nutzen:**

Nutze deine Pausen bewusst zur Erholung. Statt am Schreibtisch zu sitzen, mache einen kurzen Spaziergang, trinke in Ruhe einen Tee oder tausche dich mit Kollegen aus. Auch kurze Entspannungsübungen können helfen, den Kopf freizubekommen.

**Flexible Planung:**

Sei bereit, deinen Plan zu ändern, wenn der Tag anders verläuft als erwartet. Flexibilität kann Stress reduzieren, wenn Unvorhergesehenes passiert.

**Klare Kommunikation:**

Stelle klare Regeln und Erwartungen im Klassenzimmer auf. Transparente Kommunikation hilft Missverständnisse zu vermeiden und schafft eine vertrauensvolle Lernatmosphäre.

**Delegiere Aufgaben:**

Beziehe die Schülerinnen und Schüler in die Verantwortung ein, indem du ihnen kleine Aufgaben überträgst. Das fördert nicht nur ihre Selbstständigkeit, sondern entlastet auch dich.

**Setze persönliche Grenzen:**

Achte auf deine Work-Life-Balance und ziehe klare Grenzen zwischen Arbeit und Privatleben. Das beugt Überlastung und Burnout vor.

**Netzwerke aufbauen:**

Tausche dich regelmäßig mit Kolleginnen und Kollegen aus und baue dir ein unterstützendes Netzwerk auf. Der gemeinsame Austausch kann neue Perspektiven eröffnen und Belastungen teilen.

**Selbstfürsorge praktizieren:**

Vergiss nicht, auf dich selbst zu achten. Regelmäßige Bewegung, ausgewogene Ernährung und ausreichend Schlaf sind wichtig, um körperlich und geistig fit zu bleiben.

# Die besten Filme über Lehrer und/oder Schule

- **Der Club der toten Dichter (Dead Poets Society) – 1989:** Ein inspirierender Englischlehrer, gespielt von Robin Williams, ermutigt seine Schüler an einer konservativen Akademie in den 1950er Jahren, ihre Leidenschaft für Literatur zu entdecken und gegen die Konformität zu rebellieren.

- **Ferris macht blau (Ferris Bueller's Day Off) – 1986:** Ein charmanter Highschool-Schüler namens Ferris Bueller schwänzt die Schule und erlebt mit seinen Freunden einen unvergesslichen Tag in Chicago, während er gleichzeitig versucht, dem Schuldirektor und seinen Eltern zu entkommen.

- **Dangerous Minds – Wilde Gedanken (Dangerous Minds) – 1995:** Eine ehemalige Marineoffizierin, gespielt von Michelle Pfeiffer, wird Lehrerin in einer schwierigen Highschool und nutzt unkonventionelle Methoden, um ihre Schüler zu erreichen und sie zu inspirieren.

- **Die Welle - 2008:** Ein Lehrer führt ein Experiment durch, um seinen Schülern die Funktionsweise einer Diktatur nahezubringen. Das Experiment gerät außer Kontrolle und zeigt die dunkle Seite der Macht und Konformität.

- **Die Frühstücksbande (The Breakfast Club) — 1985:** Fünf Schüler mit unterschiedlichen Hintergründen verbringen einen Samstag zusammen beim Nachsitzen, und entdecken, dass sie mehr gemeinsam haben, als sie dachten.

- **School of Rock — 2003:** Ein gescheiterter Rockmusiker gibt sich als Aushilfslehrer aus und verwandelt seine Klasse in eine Rockband, durch die die Schüler Selbstvertrauen und Teamgeist entwickeln.

- **Coach Carter — 2005:** Basierend auf einer wahren Geschichte, folgt dieser Film einem Basketballtrainer, gespielt von Samuel L. Jackson, der seine Highschool-Spieler nicht nur zu sportlichen Höchstleistungen, sondern auch zu akademischem Erfolg anspornt, indem er strenge Regeln und Disziplin durchsetzt.

- **Half Nelson — 2006:** Ein Drama über einen drogenabhängigen Mittelschullehrer in Brooklyn, der eine ungewöhnliche Freundschaft mit einer seiner Schülerinnen entwickelt. Der Film erforscht komplexe Themen wie Drogenmissbrauch, Armut und die Kraft der Bildung.

- **Die Jagd (2012):** Ein intensives Drama aus Dänemark, das die Geschichte eines Kindergartenlehrers (gespielt von Mads Mikkelsen) erzählt, der fälschlicherweise der sexuellen Belästigung beschuldigt wird. Der Film erforscht die Paranoia und das soziale Exil, das aus der Anschuldigung resultiert, und wirft ein scharfes Licht auf die Dynamik von Gerüchten und Vorurteilen in einer kleinen Gemeinschaft.

# Tipps zur Sofortentspannung

Du bist am Limit und würdest dem Direktor am liebsten deine Sonderaufgaben um die Ohren hauen? Hat er nicht gemerkt, dass du schon genug Stress hast? Werde nicht handgreiflich - mach lieber eine Entspannungsübung.

### 1. Tief durchatmen

Schließe die Augen und atme tief durch die Nase ein. Halte den Atem einige Sekunden an und atme dann langsam durch den Mund aus. Konzentriere dich dabei auf das Gefühl, wie die Luft ein- und ausströmt. Wiederhole dies einige Male.

### 2. Progressive Muskelentspannung

Spanne einzelne Muskelgruppen gezielt für etwa fünf Sekunden an und lasse sie dann 30 Sekunden lang wieder los. Beginne mit den Zehen und arbeite dich bis zum Kopf hoch. Das hilft, körperliche Verspannungen abzubauen, die unter Stress entstehen.

### 3. Visualisierung

Stelle dir einen ruhigen, friedlichen Ort vor. Das kann ein realer Ort sein, an dem du dich entspannt fühlst, oder ein imaginärer Ort. Versuche, dich in diesen Ort hineinzuversetzen, indem du die Details mit all deinen Sinnen erkundest.

### 4. Achtsamkeitsmeditation

Konzentriere dich auf den gegenwärtigen Moment, ohne ihn zu bewerten. Beobachte deine Gedanken, Gefühle und Körperempfindungen wie ein neutraler Beobachter. Dies kann helfen, den Geist zu beruhigen und einen klareren Fokus zu schaffen.

### 5. Fokussierte Ablenkung

Richte deine Aufmerksamkeit auf eine bestimmte, nicht stressauslösende Tätigkeit oder einen Gedanken. Das kann das Lösen eines Rätsels, das Lesen eines Buches oder das Betrachten eines interessanten Gegenstandes sein. Ziel ist es, den Geist vom Stressor abzulenken.

### 6. Schnelle Körperbewegung

Wenn möglich, mache einen kurzen, schnellen Spaziergang oder springe ein paar Mal auf der Stelle. Körperliche Aktivität kann helfen, Stresshormone abzubauen und stimmungsaufhellende Endorphine freizusetzen.

### 7. die 5-4-3-2-1 Sinnesübung

Nenne fünf Dinge, die du sehen kannst, vier Dinge, die du fühlen kannst, drei Dinge, die du hören kannst, zwei Dinge, die du riechen kannst und ein Ding, das du schmecken kannst. Diese Übung hilft dir, in den gegenwärtigen Moment zurückzukehren.

### 8. Zusätzliche Tipps

**Kurzfristig:** Die oben genannten Techniken sind für akute Momente gedacht. Übe sie regelmäßig, um ihre Wirksamkeit in stressigen Momenten zu erhöhen.

**Langfristig:** Überlege dir, regelmäßige Übungen wie Yoga, Meditation oder Tai-Chi in deinen Alltag zu integrieren, um deinen allgemeinen Stresspegel zu senken und deine Reaktion auf Stresssituationen zu verbessern.

# Rezept: Anti-Stress-Kekse

**Haferflockenkekse mit dunkler Schokolade und Walnüssen**

## Zutaten

1 Tasse Vollkornmehl
1 1/2 Tassen Haferflocken
1/2 Teelöffel Backpulver
1/2 Teelöffel Backnatron
1/2 Teelöffel Salz
1/2 Tasse ungesalzene Butter (Raumtemperatur)
1/4 Tasse Zucker
1/2 Tasse brauner Zucker
1 großes Ei
1 Teelöffel Vanilleextrakt
1/2 Tasse dunkle Schokolade, grob gehackt (mindestens 70% Kakao)
1/2 Tasse Walnüsse, grob gehackt
Optional: 1/4 Tasse Chiasamen oder Leinsamen für zusätzliche Omega-3-Fettsäuren

## Anleitung

Heize deinen Ofen auf 180°C vor und lege zwei Backbleche mit Backpapier aus. In einer mittelgroßen Schüssel vermischst du Vollkornmehl, Haferflocken, Backpulver, Backnatron und Salz. In einer großen Schüssel schlägst du Butter, Zucker und braunen Zucker mit einem elektrischen Mixer schaumig. Dann fügst du das Ei und Vanilleextrakt hinzu und schlägst weiter, bis alles gut vermischt ist. Gib die trockenen Zutaten zur Butter-Zucker-Mischung hinzu und mische auf niedriger Stufe, bis gerade eben alles vermischt ist. Jetzt hebst du die dunkle Schokolade und die Walnüsse (und optional Chiasamen oder Leinsamen) unter die Teigmischung.

Mit einem Esslöffel oder einem Kekslöffel gibst du Teigportionen auf die vorbereiteten Backbleche, dabei lässt du genügend Abstand zwischen den Keksen. Backe die Kekse für etwa 10-12 Minuten, oder bis die Ränder leicht goldbraun sind. Beachte, dass die Kekse in der Mitte noch weich erscheinen können, aber beim Abkühlen fester werden. Lass die Kekse für ein paar Minuten auf den Backblechen abkühlen, bevor du sie auf ein Kuchengitter legst, um sie vollständig abkühlen zu lassen.

Genieße diese leckeren Kekse, die nicht nur deinen Süßhunger stillen, sondern auch eine kleine Unterstützung in stressigen Zeiten bieten können.

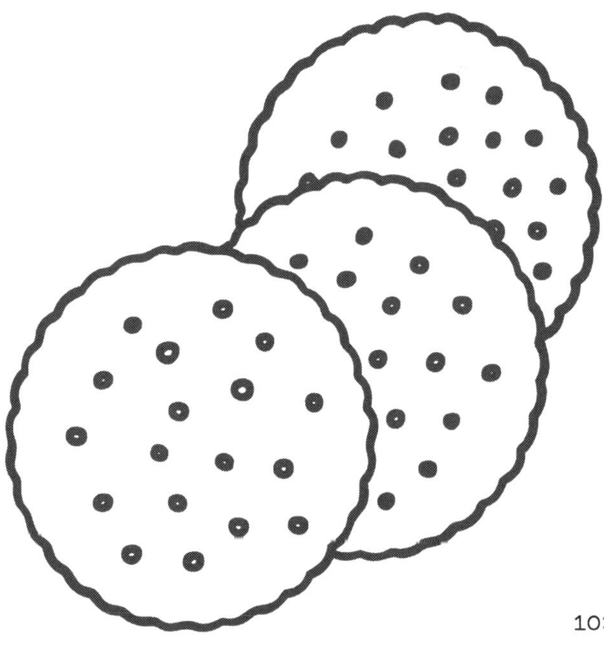

# Labyrinth

Endlich Ferien! Wie schnell findest du den Weg aus der Schule?

Lösung auf S. 84

# Labyrinth in die Hölle

Ein Schüler ist dir besonders ans Herz gewachsen und du möchtest ihm einen ganz besonderen Dienst erweisen: Du bringst ihn persönlich zur Hölle. Findest du den Weg?

Great

Lösung auf S. 84

# Wortsuchrätsel

Hier haben sich ein paar Wörter versteckt. Kannst du sie alle finden?

| | | | | | | | | | | | | | | | | | |
|---|---|---|---|---|---|---|---|---|---|---|---|---|---|---|---|---|---|
| R | I | G | D | X | L | Z | U | A | Q | T | O | X | U | D | Q | O | Z |
| A | U | F | J | I | L | I | V | F | J | X | S | N | Z | Q | U | P | V |
| M | P | V | U | N | V | O | Q | Q | D | L | U | S | J | D | T | D | W |
| J | V | N | D | G | D | W | W | Z | R | Q | Q | S | Y | E | X | T | T |
| A | R | S | C | H | L | O | C | H | E | O | U | O | F | H | I | U | E |
| P | I | S | S | N | E | L | K | E | C | K | F | I | M | T | I | L | G |
| M | M | Z | H | L | I | Q | J | I | K | O | L | A | P | B | K | E | U |
| H | M | O | I | I | V | E | S | E | S | T | A | O | Y | V | V | Q | W |
| S | X | E | S | T | O | O | B | M | K | K | C | W | D | Z | E | L | W |
| C | B | K | N | U | L | L | C | H | E | C | K | E | R | S | R | N | Y |
| X | X | C | M | L | L | W | P | H | R | F | A | O | B | Y | S | H | W |
| Z | Y | H | Z | I | P | O | V | B | L | H | F | W | M | K | A | Q | A |
| P | X | G | O | S | F | S | H | R | Q | A | F | X | U | D | G | E | K |
| F | L | N | K | K | O | B | Y | V | B | I | E | X | N | I | E | K | P |
| K | X | Q | A | R | S | C | H | K | R | I | E | C | H | E | R | B | V |
| L | E | D | B | I | T | C | H | Q | K | I | S | I | B | I | R | F | I |
| K | T | R | E | K | E | L | P | A | K | E | T | K | J | R | Q | K | A |
| E | F | Q | X | P | N | C | E | D | L | W | A | W | X | D | P | S | W |

Arschloch
Bitch
Pissnelke
Arschkriecher
Dreckskerl
Versager
Ekelpaket
Vollpfosten
Nullchecker
Lackaffe

Lösung auf S. 85

# Kreuzworträtsel

## Fragen

1. Vorgesehene Inhalte und Methoden für den Unterricht
2. Studium menschlicher Kulturen
3. Organisiert den Betrieb einer Schule
4. Hilfsmittel für den Unterricht
5. Aktivitäten zur Vorbereitung auf Tests
6. Fachkraft für Schülerberatung
7. Grundlegende Struktur der Lerninhalte
8. Regelwerk für das Benehmen

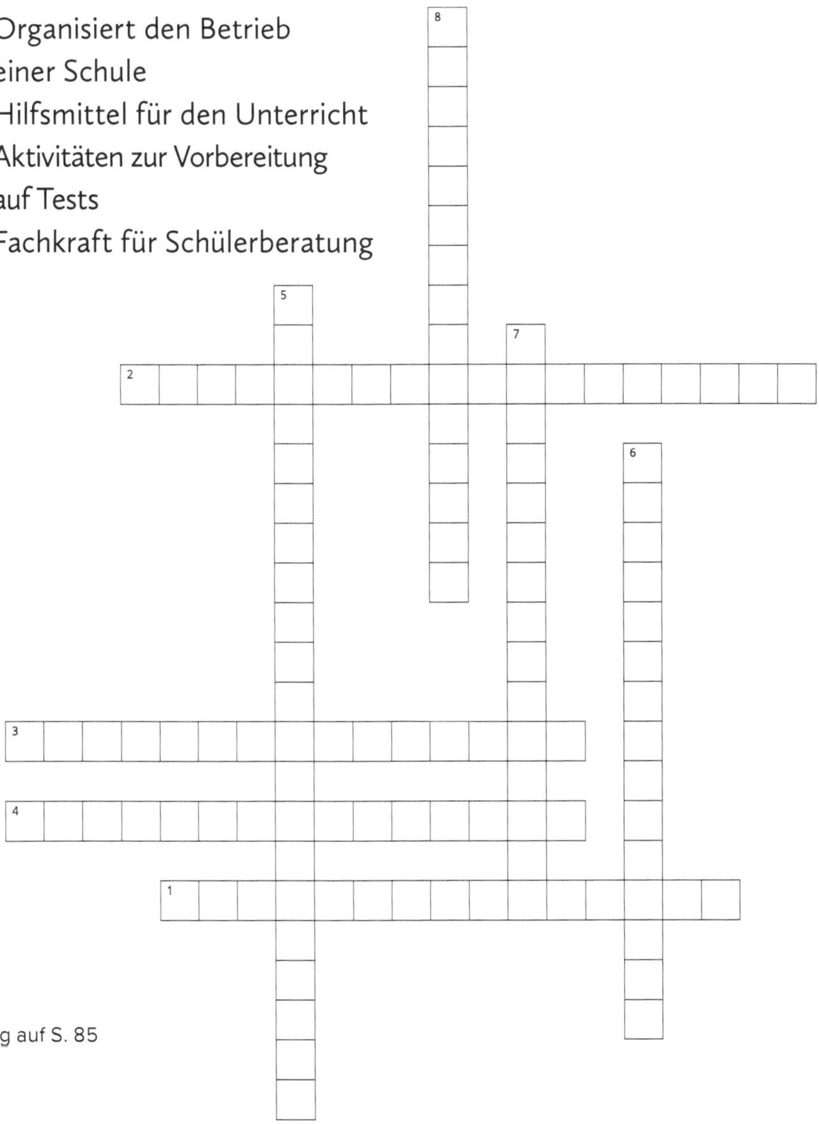

Lösung auf S. 85

# Kreuzworträtsel

## Fragen

1. Raum für Experimente in der Schule
2. Tiefe Untersuchung eines Themas oder Textes
3. Zusammenarbeit zwischen zwei Schülern
4. Fach, das sich u.a. mit der Regierung beschäftigt
5. Spielerischer Kurztest zur Überprüfung des Wissens
6. Mündliche Präsentation eines Themas
7. Fähigkeit oder Kenntnis in einem bestimmten Bereich

Lösung auf S. 85

# Das Minenfeld

Jede Zahl gibt genau an, wie viele der acht umgebenden Felder Minen enthalten. Diese Hinweise helfen dir zu entscheiden, welche Felder sicher aufgedeckt oder als Minen markiert werden können.

Beispiel:

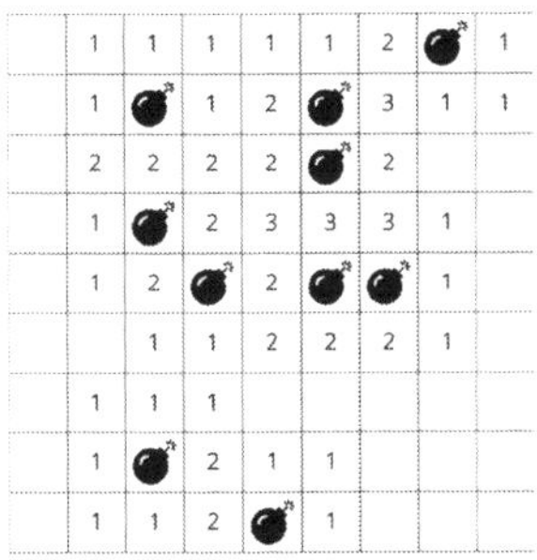

| | | | | | | | | |
|---|---|---|---|---|---|---|---|---|
| | | | 1 | | | | | |
| | | | 1 | | | | | |
| | | | 2 | 1 | | | 1 | 1 |
| 1 | 1 | | | 1 | | | 1 | |
| | 1 | | | 2 | 1 | | 1 | |
| | 1 | | | | 2 | 2 | 2 | |
| | 1 | 1 | 2 | 1 | 2 | | | |
| 1 | 1 | 1 | | | 1 | 2 | 2 | 1 |
| | | 1 | | | | | | |

Lösung auf S. 85

# Minenfeld für Profis

Du hältst dich für besonders schlau? Dann kannst du sicher auch dieses Minenfeld räumen, das explosiver ist als jedes Lehrerzimmer.

| | | | | | | | | | | | | | | | | | | | | | | | |
|---|---|---|---|---|---|---|---|---|---|---|---|---|---|---|---|---|---|---|---|---|---|---|---|
| | | | | 1 | | | | 1 | | 1 | | 1 | | | | | | | | | | | |
| 1 | 1 | 3 | | 4 | 2 | 1 | 1 | 2 | | 1 | | 1 | | | | | 1 | 1 | 1 | | 1 | 1 | 1 |
| | | 2 | | | | | | | | 2 | 1 | 1 | | 2 | 2 | 2 | 1 | | 1 | | 1 | | |
| | | 3 | | | | | 2 | 1 | 2 | | | | | 1 | | | | | 2 | | 2 | | |
| 1 | 2 | 4 | | | | | 1 | | 1 | 1 | 1 | 1 | 1 | 1 | 1 | 1 | 1 | 1 | 3 | | 3 | 1 | |
| | | | | | 2 | 1 | 1 | | | | | | | | 1 | | | | | | | 1 | |
| | | | | | 1 | | 1 | 2 | 2 | 2 | 1 | 1 | 1 | 1 | 2 | | | | | 3 | 1 | 2 | 1 |
| | | | | | 2 | | 1 | | | | | | | | | | | | | 1 | | 2 | |
| | | | | | 1 | | 1 | 2 | 2 | 4 | | 3 | 1 | 1 | 1 | 1 | | | | 1 | | 2 | |
| | | | | | 2 | | | | | 2 | | 2 | | | | 1 | 2 | 3 | | 2 | 1 | 2 | 1 |
| | | | | | 1 | | | 1 | 1 | 2 | 1 | 1 | | | | | | 1 | | | | 1 | |
| | | | | | 3 | 1 | 1 | 2 | | 2 | | | | | | | | 2 | | | | 1 | |
| | | | | | | | | | | 2 | | | | | | | | 1 | | | | 1 | |
| 1 | 1 | | | | | | | | | 1 | | | | | 1 | 2 | 2 | 2 | 1 | 3 | | 4 | 2 |
| | 1 | | | | | | | | | 1 | 2 | 1 | 1 | | 1 | | | 1 | | 2 | | | |
| | 1 | | | | | | | | | | | | 2 | 1 | 1 | 2 | 2 | 1 | | 1 | 2 | 4 | |
| | 2 | | | | | | | | | | | | | 1 | | | 1 | 1 | 1 | | | 1 | |
| 1 | 2 | | 2 | 1 | 1 | 1 | 1 | 2 | | | | | | 2 | 1 | | 1 | | 2 | 1 | 1 | 1 | |
| | | | 1 | | | | | 1 | | | | | | | 3 | 1 | 3 | | | | | | |
| | | | 1 | | | | | 1 | 2 | 3 | | | | | | | | | 3 | 1 | 2 | | |
| | | | 1 | 1 | 1 | 1 | | | | 1 | 1 | 2 | | | | | | | 2 | | 1 | | |
| | | 2 | 1 | 1 | | 1 | | | | | | 1 | | | | | 3 | 1 | 1 | | 1 | | |
| 1 | 1 | 1 | | 1 | 1 | 1 | | | | | | 1 | 1 | 2 | 3 | | 2 | | | | 1 | | |
| | | | | | | | | | | | | | | | 1 | | 1 | | | | 1 | | |

Lösung auf S. 85

# Was regt dich mehr auf?

Keine Frage, es gibt viele Dinge im Lehrerberuf, die einen richtig nerven können. Aber was nervt dich am meisten? Bringe die folgenden Aspekte in deine persönliche Reihenfolge. Was nervt dich am meisten? Und womit kannst du gerade noch leben?

___ Stundenplanänderungen, die so überraschend kommen wie ein Pop-Quiz in Astrophysik.

___ Klassen so voll, dass man überlegt, ob man nicht doch lieber Zirkusdirektor geworden wäre.

___ Der Flur als Hauptbühne für spontane Opernaufführungen – natürlich während Ihrer tiefgründigsten Unterrichtsmomente.

___ Technik, die nur an zwei Tagen funktioniert: gestern und morgen.

___ Der ewige Tanz mit dem Kopierer, der mehr Stimmungsschwankungen hat als eine Reality-TV-Show.

___ Die Erkenntnis, dass der Schulflur mehr Gerüchte verbreitet als das Internet.

___ Papierkram, der sich vermehrt wie Kaninchen – nur weniger niedlich.

____ Eltern, die glauben, Sie seien ein Mix aus Super-Nanny, Einstein und einem 24/7-Kundendienst.

____ Korrekturen, die so endlos sind, dass man beginnt, rote Tinte als Accessoire zu tragen.

____ Work-Life-Balance, die mehr Balanceakt ist als beim Yoga.

____ Fortbildungen, die keine sind, weil man schon vorher alles wusste. Und dabei weiß man kaum etwas über das Thema.

____ Dynamiken im Kollegium, die einem das Gefühl geben, in einer Telenovela zu leben – ohne das Budget für schicke Kostüme.

____ Der unerklärliche Verlust von Stiften, die anscheinend ein eigenes geheimes Leben führen.

____ Das Phänomen, dass Schüler scheinbar glauben, „Deadline“ sei ein Vorschlag und kein festes Datum.

____ Der Moment, wenn man bei der Korrektur einer Klassenarbeit merkt, dass die ganze Vorbereitung umsonst war.

# Lösungen

Hier findest du die Lösungen für die in diesem Buch enthaltenen Rätsel.

## S. 47

Sudoku - 1

| | | | | | | | | |
|---|---|---|---|---|---|---|---|---|
| 5 | 4 | 1 | 6 | 3 | 8 | 9 | 2 | 7 |
| 7 | 6 | 8 | 4 | 2 | 9 | 3 | 1 | 5 |
| 9 | 2 | 3 | 1 | 7 | 5 | 8 | 6 | 4 |
| 3 | 8 | 5 | 9 | 6 | 7 | 1 | 4 | 2 |
| 6 | 1 | 9 | 8 | 4 | 2 | 5 | 7 | 3 |
| 4 | 7 | 2 | 3 | 5 | 1 | 6 | 9 | 8 |
| 1 | 5 | 7 | 2 | 8 | 6 | 4 | 3 | 9 |
| 2 | 9 | 4 | 5 | 1 | 3 | 7 | 8 | 6 |
| 8 | 3 | 6 | 7 | 9 | 4 | 2 | 5 | 1 |

Sudoku - 2

| | | | | | | | | |
|---|---|---|---|---|---|---|---|---|
| 3 | 1 | 4 | 8 | 9 | 7 | 5 | 2 | 6 |
| 6 | 9 | 5 | 3 | 4 | 2 | 1 | 7 | 8 |
| 8 | 7 | 2 | 6 | 1 | 5 | 4 | 3 | 9 |
| 2 | 3 | 6 | 5 | 7 | 8 | 9 | 4 | 1 |
| 9 | 4 | 8 | 2 | 6 | 1 | 3 | 5 | 7 |
| 7 | 5 | 1 | 9 | 3 | 4 | 8 | 6 | 2 |
| 5 | 2 | 7 | 1 | 8 | 3 | 6 | 9 | 4 |
| 1 | 6 | 3 | 4 | 2 | 9 | 7 | 8 | 5 |
| 4 | 8 | 9 | 7 | 5 | 6 | 2 | 1 | 3 |

## S. 52

Sudoku - 1

| | | | | | | | | |
|---|---|---|---|---|---|---|---|---|
| 7 | 6 | 2 | 3 | 9 | 5 | 4 | 8 | 1 |
| 5 | 1 | 8 | 6 | 4 | 2 | 7 | 9 | 3 |
| 3 | 4 | 9 | 7 | 8 | 1 | 2 | 5 | 6 |
| 2 | 3 | 7 | 4 | 1 | 8 | 5 | 6 | 9 |
| 6 | 5 | 4 | 2 | 3 | 9 | 1 | 7 | 8 |
| 9 | 8 | 1 | 5 | 7 | 6 | 3 | 4 | 2 |
| 1 | 7 | 6 | 8 | 5 | 3 | 9 | 2 | 4 |
| 4 | 2 | 3 | 9 | 6 | 7 | 8 | 1 | 5 |
| 8 | 9 | 5 | 1 | 2 | 4 | 6 | 3 | 7 |

Sudoku - 2

| | | | | | | | | |
|---|---|---|---|---|---|---|---|---|
| 5 | 1 | 3 | 7 | 9 | 4 | 2 | 8 | 6 |
| 9 | 2 | 8 | 5 | 6 | 3 | 4 | 1 | 7 |
| 6 | 7 | 4 | 2 | 8 | 1 | 3 | 9 | 5 |
| 1 | 5 | 6 | 9 | 4 | 8 | 7 | 2 | 3 |
| 4 | 3 | 7 | 6 | 1 | 2 | 8 | 5 | 9 |
| 8 | 9 | 2 | 3 | 5 | 7 | 6 | 4 | 1 |
| 3 | 6 | 1 | 8 | 2 | 9 | 5 | 7 | 4 |
| 7 | 8 | 9 | 4 | 3 | 5 | 1 | 6 | 2 |
| 2 | 4 | 5 | 1 | 7 | 6 | 9 | 3 | 8 |

## S. 53

Sudoku - 1

| | | | | | | | | |
|---|---|---|---|---|---|---|---|---|
| 4 | 8 | 3 | 6 | 9 | 1 | 5 | 7 | 2 |
| 6 | 7 | 9 | 5 | 2 | 3 | 4 | 8 | 1 |
| 2 | 1 | 5 | 7 | 4 | 8 | 9 | 3 | 6 |
| 7 | 9 | 4 | 2 | 3 | 6 | 8 | 1 | 5 |
| 1 | 5 | 6 | 9 | 8 | 7 | 2 | 4 | 3 |
| 8 | 3 | 2 | 4 | 1 | 5 | 7 | 6 | 9 |
| 9 | 4 | 8 | 1 | 6 | 2 | 3 | 5 | 7 |
| 3 | 6 | 7 | 8 | 5 | 9 | 1 | 2 | 4 |
| 5 | 2 | 1 | 3 | 7 | 4 | 6 | 9 | 8 |

Sudoku - 2

| | | | | | | | | |
|---|---|---|---|---|---|---|---|---|
| 7 | 3 | 1 | 8 | 5 | 4 | 6 | 9 | 2 |
| 5 | 9 | 6 | 3 | 1 | 2 | 7 | 4 | 8 |
| 8 | 2 | 4 | 7 | 6 | 9 | 5 | 1 | 3 |
| 3 | 1 | 7 | 4 | 8 | 6 | 2 | 5 | 9 |
| 4 | 5 | 9 | 1 | 2 | 3 | 8 | 6 | 7 |
| 2 | 6 | 8 | 5 | 9 | 7 | 1 | 3 | 4 |
| 6 | 7 | 5 | 9 | 4 | 8 | 3 | 2 | 1 |
| 1 | 4 | 3 | 2 | 7 | 5 | 9 | 8 | 6 |
| 9 | 8 | 2 | 6 | 3 | 1 | 4 | 7 | 5 |

## S. 53

Sudoku - 1

| | | | | | | | | | | | | | | | |
|---|---|---|---|---|---|---|---|---|---|---|---|---|---|---|---|
| 12 | 9 | 5 | 3 | 16 | 8 | 1 | 14 | 6 | 7 | 2 | 13 | 15 | 4 | 10 | 11 |
| 2 | 15 | 6 | 7 | 5 | 9 | 12 | 10 | 11 | 8 | 14 | 4 | 1 | 16 | 3 | 13 |
| 16 | 10 | 8 | 1 | 6 | 11 | 4 | 13 | 5 | 9 | 3 | 15 | 12 | 7 | 2 | 14 |
| 11 | 14 | 13 | 4 | 7 | 3 | 2 | 15 | 1 | 16 | 12 | 10 | 5 | 6 | 9 | 8 |
| 13 | 3 | 16 | 8 | 10 | 15 | 9 | 11 | 12 | 5 | 6 | 7 | 14 | 1 | 4 | 2 |
| 1 | 7 | 15 | 5 | 13 | 2 | 16 | 6 | 10 | 4 | 11 | 14 | 9 | 8 | 12 | 3 |
| 14 | 2 | 9 | 12 | 1 | 7 | 8 | 4 | 13 | 3 | 15 | 16 | 11 | 5 | 6 | 10 |
| 10 | 11 | 4 | 6 | 12 | 5 | 14 | 3 | 2 | 1 | 8 | 9 | 13 | 15 | 16 | 7 |
| 15 | 12 | 1 | 9 | 14 | 10 | 11 | 16 | 7 | 2 | 5 | 8 | 4 | 3 | 13 | 6 |
| 3 | 4 | 11 | 16 | 2 | 1 | 6 | 8 | 9 | 14 | 13 | 12 | 7 | 10 | 15 | 5 |
| 8 | 5 | 10 | 2 | 9 | 4 | 13 | 7 | 15 | 6 | 1 | 3 | 16 | 14 | 11 | 12 |
| 7 | 6 | 14 | 13 | 15 | 12 | 3 | 5 | 16 | 10 | 4 | 11 | 2 | 9 | 8 | 1 |
| 6 | 1 | 12 | 10 | 4 | 13 | 5 | 9 | 8 | 15 | 7 | 2 | 3 | 11 | 14 | 16 |
| 9 | 13 | 2 | 14 | 8 | 6 | 15 | 1 | 3 | 11 | 16 | 5 | 10 | 12 | 7 | 4 |
| 4 | 8 | 7 | 11 | 3 | 16 | 10 | 12 | 14 | 13 | 9 | 1 | 6 | 2 | 5 | 15 |
| 5 | 16 | 3 | 15 | 11 | 14 | 7 | 2 | 4 | 12 | 10 | 6 | 8 | 13 | 1 | 9 |

Sudoku - 2

| | | | | | | | | | | | | | | | |
|---|---|---|---|---|---|---|---|---|---|---|---|---|---|---|---|
| 7 | 8 | 14 | 6 | 5 | 10 | 13 | 1 | 15 | 4 | 12 | 2 | 16 | 9 | 11 | 3 |
| 3 | 1 | 2 | 11 | 14 | 4 | 15 | 12 | 16 | 9 | 7 | 13 | 10 | 5 | 8 | 6 |
| 13 | 9 | 10 | 16 | 6 | 3 | 11 | 7 | 1 | 8 | 14 | 5 | 12 | 4 | 15 | 2 |
| 12 | 4 | 15 | 5 | 16 | 9 | 2 | 8 | 6 | 11 | 3 | 10 | 13 | 1 | 14 | 7 |
| 8 | 12 | 5 | 1 | 4 | 15 | 10 | 9 | 7 | 2 | 13 | 11 | 14 | 3 | 6 | 16 |
| 15 | 10 | 9 | 13 | 11 | 5 | 6 | 3 | 4 | 12 | 16 | 14 | 1 | 7 | 2 | 8 |
| 6 | 11 | 16 | 2 | 13 | 1 | 7 | 14 | 8 | 15 | 5 | 3 | 4 | 12 | 9 | 10 |
| 4 | 14 | 3 | 7 | 12 | 2 | 8 | 16 | 10 | 6 | 9 | 1 | 15 | 11 | 5 | 13 |
| 10 | 16 | 8 | 15 | 2 | 7 | 12 | 5 | 9 | 14 | 1 | 4 | 6 | 13 | 3 | 11 |
| 14 | 3 | 11 | 9 | 10 | 6 | 4 | 15 | 2 | 13 | 8 | 12 | 5 | 16 | 7 | 1 |
| 2 | 5 | 7 | 12 | 9 | 16 | 1 | 13 | 3 | 10 | 11 | 6 | 8 | 15 | 4 | 14 |
| 1 | 6 | 13 | 4 | 3 | 8 | 14 | 11 | 5 | 16 | 15 | 7 | 2 | 10 | 12 | 9 |
| 16 | 7 | 4 | 14 | 1 | 13 | 5 | 6 | 11 | 3 | 2 | 15 | 9 | 8 | 10 | 12 |
| 11 | 2 | 6 | 8 | 7 | 12 | 16 | 10 | 13 | 5 | 4 | 9 | 3 | 14 | 1 | 15 |
| 9 | 13 | 12 | 10 | 15 | 11 | 3 | 4 | 14 | 1 | 6 | 8 | 7 | 2 | 16 | 5 |
| 5 | 15 | 1 | 3 | 8 | 14 | 9 | 2 | 12 | 7 | 10 | 16 | 11 | 6 | 13 | 4 |

## S. 54

Sudoku - 1

| | | | | | | | | | | | | | | | |
|---|---|---|---|---|---|---|---|---|---|---|---|---|---|---|---|
| 4 | 10 | 3 | 5 | 6 | 14 | 7 | 2 | 9 | 13 | 11 | 1 | 16 | 8 | 15 | 12 |
| 14 | 6 | 13 | 7 | 1 | 3 | 9 | 15 | 5 | 12 | 16 | 8 | 11 | 4 | 2 | 10 |
| 12 | 8 | 1 | 9 | 11 | 10 | 13 | 16 | 14 | 2 | 4 | 15 | 3 | 5 | 7 | 6 |
| 15 | 16 | 11 | 2 | 5 | 12 | 4 | 8 | 6 | 7 | 10 | 3 | 1 | 14 | 9 | 13 |
| 10 | 9 | 16 | 14 | 4 | 13 | 1 | 6 | 3 | 5 | 8 | 2 | 7 | 12 | 11 | 15 |
| 6 | 7 | 12 | 4 | 3 | 11 | 15 | 14 | 13 | 16 | 9 | 10 | 5 | 2 | 1 | 8 |
| 11 | 3 | 2 | 8 | 12 | 5 | 10 | 9 | 1 | 15 | 14 | 7 | 13 | 6 | 16 | 4 |
| 5 | 1 | 15 | 13 | 8 | 16 | 2 | 7 | 4 | 6 | 12 | 11 | 14 | 9 | 10 | 3 |
| 16 | 14 | 6 | 10 | 13 | 8 | 12 | 11 | 15 | 3 | 7 | 4 | 9 | 1 | 5 | 2 |
| 7 | 12 | 8 | 1 | 15 | 6 | 3 | 4 | 11 | 9 | 2 | 5 | 10 | 16 | 13 | 14 |
| 2 | 13 | 5 | 15 | 7 | 9 | 14 | 10 | 8 | 1 | 6 | 16 | 4 | 3 | 12 | 11 |
| 9 | 11 | 4 | 3 | 16 | 2 | 5 | 1 | 10 | 14 | 13 | 12 | 8 | 15 | 6 | 7 |
| 3 | 4 | 7 | 11 | 14 | 15 | 6 | 12 | 16 | 10 | 5 | 9 | 2 | 13 | 8 | 1 |
| 13 | 15 | 10 | 12 | 2 | 1 | 16 | 5 | 7 | 8 | 3 | 14 | 6 | 11 | 4 | 9 |
| 8 | 2 | 14 | 16 | 9 | 7 | 11 | 13 | 12 | 4 | 1 | 6 | 15 | 10 | 3 | 5 |
| 1 | 5 | 9 | 6 | 10 | 4 | 8 | 3 | 2 | 11 | 15 | 13 | 12 | 7 | 14 | 16 |

Sudoku - 2

| | | | | | | | | | | | | | | | |
|---|---|---|---|---|---|---|---|---|---|---|---|---|---|---|---|
| 16 | 1 | 15 | 13 | 3 | 6 | 12 | 8 | 4 | 10 | 14 | 9 | 11 | 7 | 2 | 5 |
| 7 | 3 | 14 | 6 | 16 | 1 | 2 | 9 | 8 | 12 | 11 | 5 | 15 | 13 | 10 | 4 |
| 11 | 5 | 8 | 4 | 7 | 14 | 15 | 10 | 13 | 16 | 2 | 1 | 6 | 12 | 3 | 9 |
| 2 | 10 | 12 | 9 | 5 | 4 | 13 | 11 | 3 | 7 | 15 | 6 | 8 | 16 | 14 | 1 |
| 14 | 16 | 10 | 15 | 9 | 5 | 8 | 12 | 7 | 13 | 6 | 4 | 2 | 11 | 1 | 3 |
| 8 | 9 | 3 | 11 | 1 | 16 | 4 | 7 | 14 | 2 | 5 | 10 | 13 | 6 | 15 | 12 |
| 12 | 6 | 13 | 2 | 14 | 11 | 3 | 15 | 16 | 1 | 9 | 8 | 7 | 5 | 4 | 10 |
| 1 | 4 | 5 | 7 | 10 | 2 | 6 | 13 | 15 | 11 | 12 | 3 | 14 | 9 | 8 | 16 |
| 5 | 13 | 6 | 16 | 2 | 15 | 14 | 4 | 10 | 9 | 1 | 7 | 12 | 3 | 11 | 8 |
| 4 | 8 | 1 | 3 | 12 | 9 | 10 | 16 | 11 | 6 | 13 | 15 | 5 | 14 | 7 | 2 |
| 9 | 12 | 7 | 14 | 11 | 13 | 5 | 1 | 2 | 8 | 3 | 16 | 4 | 10 | 6 | 15 |
| 15 | 11 | 2 | 10 | 8 | 3 | 7 | 6 | 5 | 14 | 4 | 12 | 16 | 1 | 9 | 13 |
| 10 | 14 | 16 | 1 | 6 | 8 | 9 | 5 | 12 | 15 | 7 | 2 | 3 | 4 | 13 | 11 |
| 13 | 7 | 9 | 8 | 4 | 12 | 16 | 2 | 6 | 3 | 10 | 11 | 1 | 15 | 5 | 14 |
| 3 | 2 | 11 | 5 | 15 | 7 | 1 | 14 | 9 | 4 | 16 | 13 | 10 | 8 | 12 | 6 |
| 6 | 15 | 4 | 12 | 13 | 10 | 11 | 3 | 1 | 5 | 8 | 14 | 9 | 2 | 16 | 7 |

## S. 74

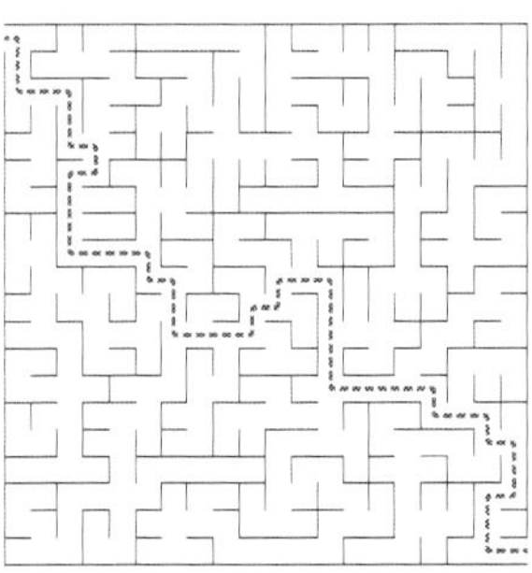

## S. 75

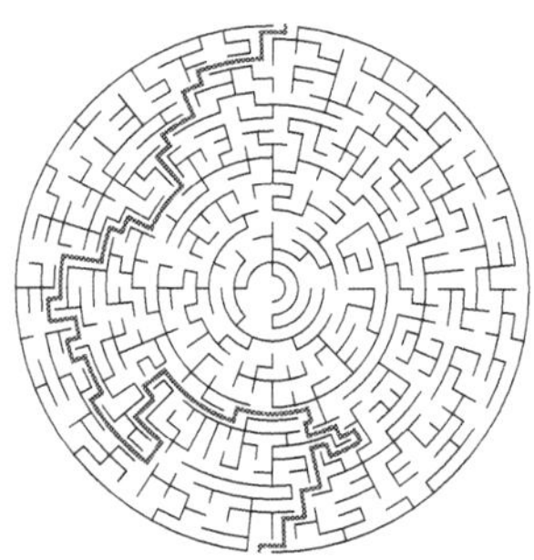

## S. 76

| | | | | | | | | | | | | | | | | | |
|---|---|---|---|---|---|---|---|---|---|---|---|---|---|---|---|---|---|
| R | I | G | D | X | L | Z | U | A | Q | T | O | X | U | D | Q | O | Z |
| A | U | F | J | I | L | I | V | F | J | X | S | N | Z | Q | U | P | V |
| M | P | V | U | N | V | O | Q | Q | D | L | U | S | J | D | T | D | W |
| J | V | N | D | G | D | W | W | Z | R | Q | Q | S | Y | E | X | T | T |
| A | R | S | C | H | L | O | C | H | E | O | U | O | F | H | I | U | E |
| P | I | S | S | N | E | L | K | E | C | K | F | I | M | T | I | L | G |
| M | M | Z | H | L | I | Q | J | I | K | O | L | A | P | B | K | E | U |
| H | M | O | I | I | V | E | S | E | S | T | A | O | Y | V | V | Q | W |
| S | X | E | S | T | O | O | B | M | K | K | C | W | D | Z | E | L | W |
| C | B | K | N | U | L | L | C | H | E | C | K | E | R | S | R | N | Y |
| X | X | C | M | L | L | W | P | H | R | F | A | O | B | Y | S | H | W |
| Z | Y | H | Z | I | P | O | V | B | L | H | F | W | M | K | A | Q | A |
| P | X | G | O | S | F | S | H | R | Q | A | F | X | U | D | G | E | K |
| F | L | N | K | K | O | B | Y | V | B | I | E | X | N | I | E | K | P |
| K | X | Q | A | R | S | C | H | K | R | I | E | C | H | E | R | B | V |
| L | E | D | B | I | T | C | H | Q | K | I | S | I | B | I | R | F | I |
| K | T | R | E | K | E | L | P | A | K | E | T | K | J | R | Q | K | A |
| E | F | Q | X | P | N | C | E | D | L | W | A | W | X | D | P | S | W |

Arschloch
Bitch
Pissnelke
Arschkriecher

Dreckskerl
Versager
Ekelpaket

Vollpfosten
Nullchecker
Lackaffe

## S. 77

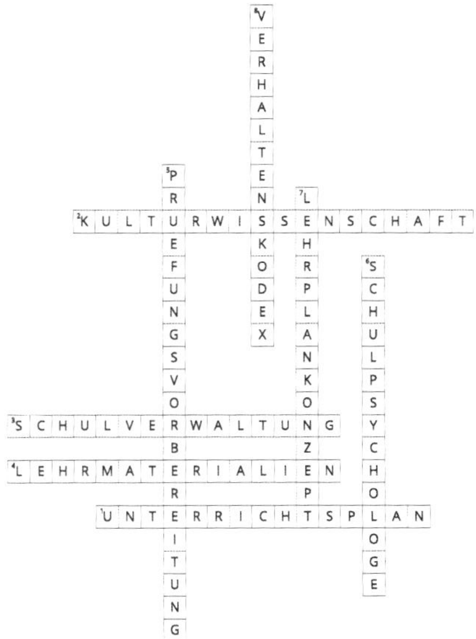


## S. 78

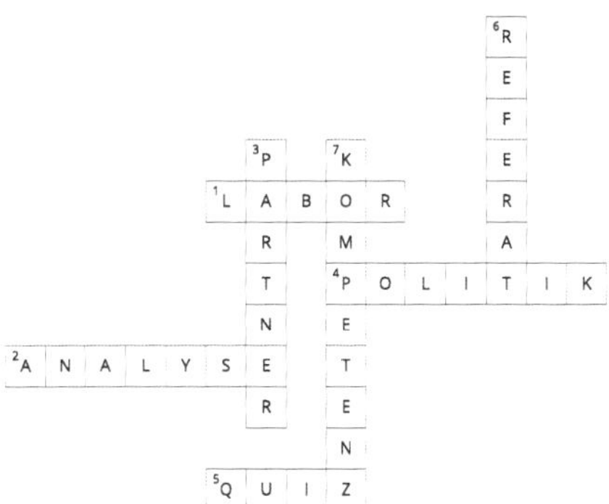


## S. 79

| | | | | | | | | |
|---|---|---|---|---|---|---|---|---|
| 💣 | 2 | 1 | 1 | | | | | |
| 2 | 3 | 💣 | 1 | | | | | |
| 1 | 💣 | 3 | 2 | 1 | | | 1 | 1 |
| 1 | 1 | 2 | 💣 | 1 | | | 1 | 💣 |
| | 1 | 2 | 3 | 2 | 1 | | 1 | 1 |
| | 1 | 💣 | 2 | 💣 | 2 | 2 | 2 | 1 |
| | 1 | 1 | 2 | 1 | 2 | 💣 | 💣 | 1 |
| 1 | 1 | 1 | | | 1 | 2 | 2 | 1 |
| 1 | 💣 | 1 | | | | | | |

## S. 80

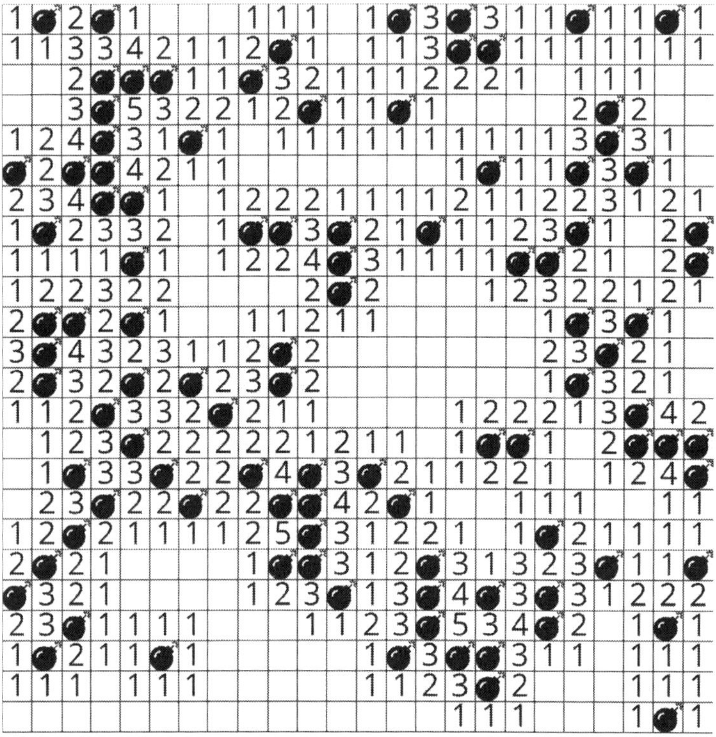

Printed by Amazon Italia Logistica S.r.l.
Torrazza Piemonte (TO), Italy

61212001R00067